# 感天動地竇娥冤

# 鄧夫人苦痛哭存孝

# 溫太真玉鏡臺

# The Injustice to Dou E, Death of the Winged-Tiger General, and The Jade Mirror-Stand

關漢卿

Guan Hanqing

感天動地竇娥冤，鄧夫人苦痛哭存孝，溫太真玉鏡臺



First Published in Great Britain in 2014 by Jiahu Books – part of Richardson-Prachai Solutions Ltd, 34 Egerton Gate, Milton Keynes, MK5 7HH

ISBN: 978-1-78435-054-3



A CIP catalogue record for this book is available from the British Library

Visit us at: jiahubooks.co.uk

# 感天動地竇娥冤

## 楔子

(卜兒蔡婆上，詩云) 花有重開日，人無再少年。不須長富貴，安樂是神仙。老身蔡婆婆是也，楚州人氏，嫡親三口兒家屬。不幸夫主亡逝已過，止有一箇孩兒，年長八歲，俺娘兒兩箇，過其日月，家中頗有些錢財。這裏一箇竇秀才，從去年問我借了二十兩銀子，如今本利該銀四十兩。我數次索取，那竇秀才只說貧難，沒得還我。他有一箇女兒，今年七歲，生得可喜，長得可愛，我有心看上他，與我家做箇媳婦，就准了這四十兩銀子，豈不兩得其便。他說今日好日辰，親送女兒到我家來，老身且不索錢去，專在家中等候，這早晚竇秀才敢待來也。

(沖末扮竇天章引正旦扮端雲上，詩云) 讀盡縹緗萬卷書，可憐貧殺馬相如，漢庭一日承恩召，不說當罏說子虛。小生姓竇，名天章，祖貫長安京兆人也。幼習儒業，飽有文章；爭奈時運不通，功名未遂。不幸渾家亡化已過，撇下這箇女孩兒，小字端雲，從三歲上亡了他母親，如今孩兒七歲了也。小生一貧如洗，流落在這楚州居住。此間一箇蔡婆婆，他家廣有錢物；小生因無盤纏，曾借了他二十兩銀子，到今本利該對還他四十兩。他數次問小生索取，教我把甚麼還他？誰想蔡婆婆常常著人來說，要小生女孩兒做他兒媳婦。況如今春榜動，選場開，正待上朝取應，又苦盤纏缺少。小生出於無柰，只得將女孩兒端雲送與蔡婆婆做兒媳婦去。

(做嘆科，云) 嗨！這箇那裏是做媳婦？分明是賣與他一般。就准了他那先借的四十兩銀子，分外但得些少東西，勾小生應舉之費，便也過望了。說話之間，早來到他家門首。婆婆在家麼？

(卜兒上，云) 秀才，請家裏坐，老身等候多時也。

(做相見科。竇天章云) 小生今日一徑的將女孩兒送來與婆婆，怎敢說做媳婦，只與婆婆早晚使用。小生目下就要上朝進取功名去，留下女孩兒在此，只望婆婆看覷則箇。

(卜兒云) 這等，你是我親家了。你本利少我四十兩銀子，兀的是借錢的文書，還了你；再送與你十兩銀子做盤纏。親家，你休嫌輕少。

(竇天章做謝科，云) 多謝了婆婆，先少你許多銀子，都不要我還了，今又送我盤纏，此恩異日必當重報。婆婆，女孩兒早晚呆癡，看小生薄面，看覷女孩兒咱。

(卜兒云) 親家，這不消你囑付，令愛到我家，就做親女兒一般看承他，你只管放心的去。

(竇天章云) 婆婆，端雲孩兒該打呵，看小生面則罵幾句；當罵呵，則處分幾句。孩兒，你也不比在我跟前，我是你親爺，將就的你；你如今在這裏，早晚若頑劣呵，你只討那打罵喫。兒嚛，我也是出於無柰。

(做悲科，唱) 【仙呂・賞花時】我也只為無計營生四壁貧，因此上割捨得親兒在兩處分。從今日遠踐洛陽塵，又不知歸期定准，則落的無語闇消魂。(下)

(卜兒云) 竇秀才留下他這女孩兒與我做媳婦兒，他一徑上朝應舉去了。

(正旦做悲科，云) 爹爹，你直下的撇了我孩兒去也!

(卜兒云) 媳婦兒，你在我家，我是親婆，你是親媳婦，只當自家骨肉一般。你不要啼哭，跟著老身前後執料去來。

(同下)

## 第一折

(淨扮賽盧醫上，詩云) 行醫有斟酌，下藥依本草；死的醫不活，活的醫死了。自家姓盧，人道我一手好醫，都叫做賽盧醫。在這山陽縣南門開著生藥局。在城有個蔡婆婆，我問他借了十兩銀子，本利該還他二十兩，數次來討這銀子，我又無的還他。若不來便罷，若來呵，我自有個主意。我且在這藥鋪中坐下，看有甚麼人來?

(卜兒上，云) 老身蔡婆婆。我一向搬在山陽縣居住，盡也靜辦。自十三年前竇天章秀才留下端雲孩兒與我做兒媳婦，改了他小名，喚做竇娥。自成親之後，不上二年，不想我這孩兒害弱證死了。媳婦兒守寡，又早三個年頭，服孝將除了也。我和媳婦兒說知，我往城外賽盧醫家索錢去也。

(做行科，云) 驀過隅頭，轉過屋角，早來到他家門首。賽盧醫在家麼?

(盧醫云) 婆婆，家裡來。

(卜兒云) 我這兩個銀子長遠了，你還了我罷。

(盧醫云) 婆婆，我家裡無銀子，你跟我莊上去取銀子還你。

(卜兒云) 我跟你去。

(做行科) (盧醫云) 來到此處，東也無人，西也無人，這裡不下手，等甚麼? 我隨身帶的有繩子。兀那婆婆，誰喚你哩?

(卜兒云) 在那裡?

(做勒卜兒科。孛老同副淨張驢兒沖上，賽盧醫慌走下。孛老救卜兒科。張驢兒云) 爹，是個婆婆，爭些勒殺了。

(孛老云) 兀那婆婆，你是那裡人氏? 姓甚名誰? 因甚著這個人將你勒死?

(卜兒云) 老身姓蔡，在城人氏，止有個寡媳婦兒，相守過日。因為賽盧醫少我二十兩銀子，今日與他取討；誰想他賺我到無人去處，要勒死我，賴這銀子。若不是遇著老的和哥哥呵，那得老身性命來。

(張驢兒云) 爹，你聽的他說麼? 他家還有個媳婦哩。救了他性命，他少不得要謝我，不若你要這婆子，我要他媳婦兒，何等兩便? 你和他說去。

(孛老云) 兀那婆婆，你無丈夫，我無渾家，你肯與我做個老婆，意下如何？

(卜兒云) 是何言語！待我回家多備些錢鈔相謝。

(張驢兒云) 你敢是不肯，故意將錢鈔哄我？賽盧醫的繩子還在，我仍舊勒死了你吧。

(做拿繩科) (卜兒云) 哥哥，待我慢慢地尋思咱。

(張驢二云) 你尋思些甚麼？你隨我老子，我便要你媳婦兒。

(卜兒背云) 我不依他，他又勒殺我。罷罷罷，你爺兒兩個隨我到家中去來。(同下)

(正旦上，云) 妾身姓竇，小字端雲，祖居楚州人氏。我三歲上亡了母親，七歲上離了父親，俺父親將我嫁與蔡婆婆為兒媳婦，改名竇娥。至十七歲與夫成親，不幸丈夫亡化，可早三年光景，我今二十歲也。這南門外有個賽盧醫，他少俺婆婆銀子，本利該二十兩，數次索取不還，今日俺婆婆親自索取去了。竇娥也，你這命好苦也呵！

(唱) 【仙呂・點絳唇】滿腹閒愁，數年禁受，天知否？天若是知我情由，怕不待和天瘦。

【混江龍】則問那黃昏白晝，兩般兒忘餐廢寢幾時休？大都來昨宵夢裡，和著這今日心頭。地久天長難過遣，舊愁新悵幾時休？則這業艱苦，雙眉皺，越覺的情懷冗冗，心緒悠悠。

(云) 似這等憂愁，不知幾時是了也呵！

(唱) 【油葫蘆】莫不是八字該載著一世憂，誰似我無盡頭。

須知道人心不似水長流。我從三歲母親身亡後，到七歲與父分離久，嫁的個同住人，他可又拔著短籌；撇的俺婆婦每都把空房守，端的個有誰問，有誰偢？

【天下樂】莫不是前世裡燒香不到頭，今也波生招禍尤，勸今人早將來世修。我將這婆侍養，我將這服孝守，我言詞須應口。

(云) 婆婆索錢去了，怎生這早晚不見回來？

(卜兒同孛老張驢兒上) (卜兒云) 你爺兒兩個且在門首，等我先進去。

(張驢兒云) 奶奶，你先進去，就說女婿在門首哩。

(卜兒見正旦科) (正旦云) 奶奶回來了，你吃飯麼？

(卜兒做哭科，云) 孩兒，你教我怎生說波！

(正旦唱) 【一半兒】為甚麼淚漫漫不住點兒流？莫不是為索債與人家惹爭鬥？我這裡連忙迎接慌問候，他那裡要說緣由。

(卜兒云) 羞人答答的，教我怎生說波！

(正旦唱) 則見他一半兒徘徊一半兒丑。

(云) 婆婆，你為甚麼煩惱啼哭那？

(卜兒云) 我問賽盧醫討銀子去，他賺我到無人去處，行起凶來，要勒死我。虧了一個張老並他兒子張驢兒，救得我性命。那張老就要我招他做丈夫，因這等煩惱。

(正旦云) 婆婆，這個怕不中麼？你再尋思咱：俺家裡又不是沒有飯吃，沒有衣穿，又不是少欠錢債，被人催逼不過；況你年紀高大，六十以外的人，怎生又招丈夫那？

(卜兒云) 孩兒也，你說的豈不是？但是我的性命全虧他這爺兒兩個救的，我也曾說道：待我到家，多將些錢物酬謝你救命之恩。不知他怎生知道我家裡有個媳婦兒，道我婆媳婦又沒老公，他爺兒兩個又沒老婆，正是天緣天對。若不隨順他，依舊要勒死我。那時節我就慌張了，莫說自己許了他，連你也許了他。兒也，這也是出於無奈。

(正旦云) 婆婆，你聽我說波。

(唱) 【後庭花】遇時辰我替你憂，拜家堂我替你愁；梳著個霜雪般白鬏髻，怎將這雲霞般錦帕兜？怪不的女大不中留。你如今六旬左右，可不道到中年萬事休！舊恩愛一筆勾，新夫妻兩意投，枉教人笑破口。

(卜兒云) 我的性命都是他爺兒兩個救的，事到如今，也顧不得別人笑話了。

(正旦唱) 【青哥兒】你雖然是得他得他營救，須不是笱條笱條年幼，剗的便巧畫蛾眉成配偶。想當初你夫主遺留，替你圖謀，置下田疇，早晚羹粥，寒暑衣裘，滿望你鰥寡孤獨，無捱無靠，母子每到白頭。公公也，則落得干生受。

(卜兒云) 孩兒也，他如今只待過門，喜事匆匆的，教我怎生回得他去？

(正旦唱) 【寄生草】你道他匆匆喜，我替你倒細細愁：愁則愁興闌刪嚥不下交歡酒，愁則愁眼昏騰扭不上同心扣，愁則愁意朦朧睡不穩芙蓉褥。你待要笙歌引至畫堂前，我道這姻緣敢落在他人後。

(卜兒云) 孩兒也，再不要說我了，他爺兒兩個都在門首等候，事以至此，不若連你也招了女婿罷。

(正旦云) 婆婆，你要招你自招，我並然不要女婿。

(卜兒云) 那個是要女婿的？爭奈他爺兒兩個自家捱過門來，教我如何是好？

(張驢兒云) 我們今日招過門去也。帽兒光光，今日做個新郎；袖兒窄窄，今日做個嬌客。好女婿，好女婿，不枉了，不枉了。

(同孛老入拜科) (正旦做不理科，云) 兀那廝，靠後！

(唱) 【賺煞】我想這婦人每休信那男兒口，婆婆也，怕沒的貞心兒自守，到今日招著個村老子，領著個半死囚。

(張驢兒做嘴臉科，云) 你看我爺兒兩個這等身段，盡也選得女婿過。你不要錯過了好時辰，我和你早些兒拜堂罷。

(正旦不理科，唱) 則被你坑殺人燕侶鶯儔。婆婆也，你豈不知羞！俺公公撞府沖州，（門內爭）（門內坐）的銅斗兒家緣百事有。想著俺公公置就，怎忍教張驢兒情受？

(張驢兒做扯正旦拜科，正旦推跌科，唱) 兀的不是俺沒丈夫的婦女下場頭。(下)

(卜兒云) 你老人家不要惱懆，難道你有活命之恩，我豈不思量報你？只是我那媳婦兒氣性最不好惹的，既是他不肯招你兒子，教我怎好招你老人家？我如今拚的好酒好飯養你爺兒兩個在家，待我慢慢的勸化俺媳婦兒；待他有個回心轉意，再做區處。

(張驢兒云) 這歪剌骨便是黃花女兒，剛剛扯的一把，也不消這等使性，平空的推了我一交，我肯干罷！就當面賭個誓與你：我今生今世不要他做老婆，我也不算好男子。(詞云)美婦人我見過萬千向外，不似這小妮子生得十分懺賴；我救了你老性命死裡重生，怎割捨得不肯把肉身陪待？ (同下)

## 第二折

(賽盧醫上，詩云) 小子太醫出身，也不知道醫死多人，何嘗怕人告發，關了一日店門？在城有個蔡家婆子，剛少他二十兩花銀，屢屢親來索取，爭些捻斷脊筋。也是我一時智短，將他賺到荒村，撞見兩個不識姓名男子，一聲嚷道：「浪蕩乾坤，怎敢行凶撒潑，擅自勒死平民！」唬得我丟了繩索，放開腳步飛奔。雖然一夜無事，終覺失精落魂；方知人命關天關地，如何看做壁上灰塵。從今改過行業，要得滅罪修因，將以前醫死的性命，一個個都與他一卷超度的經文。小子賽盧醫的便是。只為要賴蔡婆婆二十兩銀子，賺他到荒僻去處，正待勒死他，誰想遇見兩個漢子，救了他去。若是再來討債時節，教我怎生見他？常言道的好：「三十六計，走為上計」。

喜得我是孤身，又無家小連累，不若收拾了細軟行李，打個包兒，悄悄的躲到別處，另做營生，豈不乾淨？

(張驢兒上，云) 自家張驢兒，可奈那竇娥百般的不肯隨順我；如今那老婆子害病，我討服毒藥與他吃了，藥死那老婆子，這小妮子好歹做我的老婆。

(做行科，云) 且住，城裡人耳目廣，口舌多，倘見我討毒藥，可不嚷出事來？我前日看見南門外有個藥鋪，此處冷靜，正好討藥。

(做到科，叫云) 太醫哥哥，我來討藥的。

(賽盧醫云) 你討甚麼藥？

(張驢兒云) 我討服毒藥。

(賽盧醫云) 誰敢合毒藥與你？這廝好大膽也。

(張驢兒云) 你真個不肯與我藥麼？

(賽盧醫云) 我不與你，你就怎地我？

(張驢兒做拖盧云) 好呀，前日謀死蔡婆婆的，不是你來？你說我不認的你哩？我拖你見官去。

(賽盧醫做慌科，云) 大哥，你放我，有藥有藥。

(做與藥科，張驢兒云) 既然有了藥，且饒你罷。正是：得放手時須放手，得饒人處且饒人。 (下)

(賽盧醫云) 可不悔氣！剛剛討藥的這人，就是救那婆子的。我今日與了他這服毒藥去了，以後事發，越越要連累我；趁早兒關上藥鋪，到涿州賣老鼠藥去也。 (下)

(卜兒上，做病伏幾科) (孛老同張驢兒上，云) 老漢自到蔡婆婆家來，本望做個接腳，卻被他媳婦堅執不從。那婆婆一向收留俺爺兒兩個在家同住，只說好事不在忙，等慢慢裡勸轉他媳婦，誰想他婆婆又害起病來。孩兒，你可曾算我兩個的八字，紅鸞天喜幾時到命哩？

(張驢兒云) 要看什麼天喜到命！只賭本事，做得去自去做。

(孛老云) 孩兒也，蔡婆婆害病好幾日了，我與你去問病波。

(做見卜兒問科，云) 婆婆，你今日病體如何？

(卜兒云) 我身子十分不快哩。

(孛老云) 你可想些甚麼吃？

(卜兒云) 我思量些羊肚兒湯吃。

(孛老云) 孩兒，你對竇娥說，做些羊肚兒湯與婆婆吃。

(張驢兒向古門云) 竇娥，婆婆想羊肚兒湯吃，快安排將來。

(正旦持湯上，云) 妾身竇娥是也。有俺婆婆不快，想羊肚湯吃，我親自安排了與婆婆吃去。婆婆也，我這寡婦人家，凡事要避些嫌疑，怎好收留那張驢兒父子兩個？非親非眷的，一家兒同住，豈不惹外人談議？婆婆也，你莫要背地裡許了他親事，連我也累做不清不潔的。我想這婦人心好難保也呵。(唱) 【南呂・一枝花】他則待一生鴛帳眠，那裡肯半夜空房睡；他本是張郎婦，又做了李郎妻。有一等婦女每相隨，並不說家克計，則打聽些閒是非；說一會不明白打鳳的機關，使了些調虛囂撈龍的見識。【梁州第七】這一個似卓氏般當壚滌器，這一個似孟光般舉案齊眉；說的來藏頭蓋腳多伶俐，道著難曉，做出才知。舊恩忘卻，新愛偏宜；墳頭上土脈猶濕，架兒上又換新衣。那裡有奔喪處哭倒長城？那裡有浣紗時甘投大水？那裡有上山來便化頑石？可悲可恥，婦人家直恁的無仁義，多淫奔，少志氣；虧殺前人在那裡，更休說本性難移。

(云) 婆婆，羊肚兒湯做成了，你吃些兒波。

(張驢兒云) 等我拿去。

(做接嘗科，云) 這裡面少些鹽醋，你去取來。(正旦下)

(張驢兒放藥科) (正旦上，云) 這不是鹽醋？

(張驢兒云) 你傾下些。

(正旦唱) 【隔尾】你說道少鹽欠醋無滋味，加料添椒才脆美。但願娘親早痊濟，飲羹湯一杯，勝甘露灌體，得一個身子平安倒大來喜。

(孛老云) 孩兒，羊肚湯有了不曾？

(張驢兒云) 湯有了，你拿過去。

(孛老將湯云) 婆婆，你吃些湯兒。

(卜兒云) 有累你。

(做嘔科，云) 我如今打嘔，不要這湯吃了，你老人家吃罷。

(孛老云) 這湯特地做來與你吃的，便不要吃，也吃一口兒。

(卜兒云) 我不吃了，你老人家請吃。(孛老吃科)

(正旦唱) 【賀新郎】一個道你請吃，一個道婆先吃，這言語聽也難聽，我可是氣也不氣！想他家與咱家有甚的親和戚？怎不記舊日夫妻情意，也曾有百縱千隨？婆婆也，你莫不為黃金浮世寶，白髮故人稀，因此上把舊恩情全不比新知契。則待要百年同墓穴，那裡肯千里送寒衣。

(孛老云) 我吃下這湯去，怎覺昏昏沉沉的起來？(做倒科)

(卜兒慌科，云) 你老人家放精神着，你扎掙著些兒。

(做哭科，云) 兀的不是死了也！

(正旦唱) 【斗蝦（蟲麻）】空悲戚，沒理會，人生死是輪迴。感著這般病疾，值著這般時勢；可是風寒暑濕，或是飢飽勞役；各人證候自知，人命關天關地；別人怎生替得，壽數非干今世。相守三朝五夕，說甚一家一計。又無羊酒段匹，又無花紅財禮；把手為活過日，撒手如同休棄。不是竇娥忤逆，生怕旁人議論。不如聽咱勸你，認個自家悔氣，割捨的一具棺材停置，幾件布帛收拾，出了咱家門裡，送入他家墳地。這不是你那從小兒年紀指腳的夫妻，我其實不關親無半點恓惶淚。休得要心如醉，意似痴，便這等嗟嗟怨怨，哭哭啼啼。

(張驢兒云) 好也羅！你把我老子藥死了，更待干罷！

(卜兒云) 孩兒，這事怎了也？

(正旦云) 我有什麼藥在那裡？都是他要鹽醋時，自家傾在湯兒裡的。(唱) 【隔尾】這廝搬調咱老母收留你，自藥死親爺待要唬嚇誰？

(張驢兒云) 我家的老子，倒說是我做兒子的藥死了，人也不信。

(做叫科，云) 四鄰八舍聽著：竇娥藥殺我家老子哩。

(卜兒云) 罷麼，你不要大驚小怪的，嚇殺我也。

(張驢兒云) 你可怕麼?

(卜兒云) 可知怕哩。

(張驢兒云) 你要饒麼?

(卜兒云) 可知要饒哩。

(張驢兒云) 你教竇娥隨順了我，叫我三聲嫡嫡親親的丈夫，我便饒了他。

(卜兒云) 孩兒也，你隨順了他罷。

(正旦云) 婆婆，你怎說這般言語?

(唱) 我一馬難將兩鞍鞴。想男兒在日，曾兩年匹配，卻教我改嫁別人，其實做不得。

(張驢兒云) 竇娥，你藥殺了俺老子，你要官休? 要私休?

(正旦云) 怎生是官休? 怎生是私休?

(張驢兒云) 你要官休呵，拖你到官司，把你三推六問，你這等瘦弱身子，當不過拷打，怕你不招認藥死我老子的罪犯! 你要私休呵，你早些與我做了老婆，倒也便宜了你。

(正旦云) 我又不曾藥死你老子，情願和你見官去來。(張

驢兒拖正旦、卜兒下)

(淨扮孤引祗候上，詩云) 我做官人勝別人，告狀來的要金銀；若是上司當刷卷，在家推病不出門。下官楚州太守桃杌是也。今早升廳坐衙，左右，喝攛廂。

(祗候吆喝科)

(張驢兒拖正旦、卜兒上，云) 告狀，告狀。

(祗候云) 拿過來。

(做跪見，孤亦跪科，云) 請起。

(祗候云) 相公，他是告狀的，怎生跪著他？

(孤云) 你不知道，但來告狀的，就是我的衣食父母。

(祗候吆喝科，孤云) 那個是原告？那個是被告？從實說來。

(張驢兒云) 小人是原告張驢兒，告這媳婦兒，喚做竇娥，合毒藥下在羊肚湯兒裡，藥死了俺的老子。這個喚做蔡婆婆，就是俺的後母。望大人與小人做主咱。

(孤云) 是那一個下的毒藥？

(正旦云) 不干小婦人事。

(卜兒云) 也不干老婦人事。

(張驢兒云) 也不干我事。

(孤云) 都不是，敢是我下的毒藥來？

(正旦云) 我婆婆也不是他後母，他自姓張，我家姓蔡。我婆婆因為與賽盧醫索錢，被他賺到郊外勒死；我婆婆卻得他爺兒兩個救了性命，因此我婆婆收留他爺兒兩個在家，養膳終身，報他的恩德。誰知他兩個倒起不良之心，冒認婆婆做了接脚，要逼勒小婦人作他媳婦。小婦人元是有丈夫的，服孝未滿，堅執不從。適值我婆婆患病，著小婦人安排羊肚湯兒吃。不知張驢兒那裡討得毒藥在身，接過湯來，只說少些鹽醋，支轉小婦人，暗地傾下毒藥。也是天幸，我婆婆忽然嘔吐，不要湯吃，讓與他老子吃，才吃的幾口，便死了。與小婦人並無干涉，只望大人高抬明鏡，替小婦人做主咱。

(唱) 【牧羊犬】大人你明如鏡，清似水，照妾身肝膽虛實。那羹本五味俱全，除了此百事不知。他推道嘗滋味，吃下去便昏迷。不是妾訟庭上胡支對，大人也，卻教我平白地說甚的？

(張驢兒云) 大人詳情：他自姓蔡，我自姓張，他婆婆不招俺父親接脚，他養我父子兩個在家做甚麼？這媳婦年紀兒雖小，極是個賴骨頑皮，不怕打的。

(孤云) 人是賤蟲，不打不招。左右，與我選大棍子打著。

(祗候打正旦，三次噴水科) (正旦唱) 【罵玉郎】這無情棍棒教我捱不的。婆婆也，須是你自做下，怨他誰？勸普天下前婚後嫁婆娘每，都看取我這般傍州例。

【感皇恩】呀！是誰人唱叫揚疾，不由我不魄散魂飛。恰消停，才甦醒，又昏迷。捱千般打拷，萬種凌逼，一杖下，一道血，一層皮。

【採茶歌】打的我肉都飛，血淋漓，腹中冤枉有誰知！則我這小婦人毒藥來從何處也？天哪！怎麼的覆盆不照太陽暉！

(孤云) 你招也不招？

(正旦云) 委的不是小婦人下毒藥來。

(孤云) 既然不是你，與我打那婆子。

(正旦忙云) 住住住，休打我婆婆，情願我招了罷。是我藥死公公來。

(孤云) 既然招了，著他畫了伏狀，將枷來枷上，下在死囚牢裡去。到來日判個斬字，押付市曹典刑。

(卜兒哭科，云) 竇娥孩兒，這都是我送了你性命，兀的不痛殺我也！

(正旦唱) 【黃鐘尾】我做了個銜冤負屈沒頭鬼，怎肯便放了你好色荒淫漏面賊！想人心不可欺，冤枉事天地知，爭到頭，競到底，到如今待怎的？情願認藥殺公公，與了招罪。婆婆也，我怕把你來便打的，打的來恁的。我若是不死呵，如何救得你？(隨祗候押下)

(張驢兒做叩頭科，云) 謝青天老爺做主！明日殺了竇娥，才與小人的老子報的冤。

(卜兒哭科，云) 明日市曹中殺竇娥孩兒也，兀的不痛殺我也！

(孤云) 張驢兒，蔡婆婆，都取保狀，著隨衙聽候。左右，

打散堂鼓，將馬來，回私宅去也。(同下)

## 第三折

(外扮監斬官上，云) 下官監斬官是也。今日處決犯人，著做公的把住巷口，休放往來人閒走。

(淨扮公人，鼓三通，鑼三下科，劊子磨旗、提刀、押正旦帶枷上，劊子云) 行動些，行動些，監斬官去法場上多時了。

(正旦唱) 【正宮端正好】沒來由犯王法，不提防遭刑憲，叫聲屈動地驚天。頃刻間遊魂先赴森羅殿，怎不將天地也生埋怨。

【滾繡球】有日月朝暮懸，有鬼神掌著生死權。天地也只合把清濁分辨，可怎生糊突了盜跖顏淵：為善的受貧窮更命短，造惡的享富貴又壽延。天地也，做得個怕硬欺軟，卻元來也這般順水推船。地也，你不分好歹何為地。天也，你錯勘賢愚枉做天！哎，只落得兩淚漣漣。

(劊子云) 快行動些，誤了時辰也。

(正旦唱) 【倘秀才】則被這枷紐的我左側右偏，人擁的我前合後偃。我竇娥向哥哥行有句言。

(劊子云) 你有甚麼話說？

(正旦唱) 前街裡去心懷恨，後街裡去死無冤，休推辭路遠。

(劊子云) 你如今到法場上面，有甚麼親眷要見的，可教他過來見你一面也好。

(正旦唱) 【叨叨令】可憐我孤身隻影無親眷，則落的吞聲忍氣空嗟怨。

(劊子云) 難道你爺娘家也沒的？

(正旦云) 止有個爹爹，十三年前上朝取應去了，至今杳無音信。

(唱) 早已是十年多不睹爹爹面。

(劊子云) 你適才要我往後街裡去，是什麼主意？

(正旦唱) 怕則怕前街裡被我婆婆見。

(劊子云) 你的性命也顧不得，怕他見怎的？

(正旦云) 俺婆婆若見我披枷帶鎖赴法場餐刀去呵，

(唱) 枉將他氣殺也麼哥，枉將他氣殺也麼哥。告哥哥，臨危好與人行方便。

(卜兒哭上科，云) 天哪，兀的不是我媳婦兒！

(劊子云) 婆子靠後。

(正旦云) 既是俺婆婆來了，叫他來，待我囑付他幾句話咱。

(劊子云) 那婆子，近前來，你媳婦要囑付你話哩。

(卜兒云) 孩兒，痛殺我也。

(正旦云) 婆婆，那張驢兒把毒藥放在羊肚兒湯裡，實指望藥死了你，要霸佔我為妻。不想婆婆讓與他老子吃，倒把他老子藥死了。我怕連累婆婆，屈招了藥死公公，今日赴法場典刑。婆婆，此後遇著冬時年節，月一十五，有瀽不了的漿水飯，瀽半碗兒與我吃；燒不了的紙錢，與竇娥燒一陌兒。則是看你死的孩兒面上。

(唱)【快活三】念竇娥葫蘆提當罪愆，念竇娥身首不完全，念竇娥從前已往干家緣；婆婆也，你只看竇娥少爺無娘面。

【鮑老兒】念竇娥服侍婆婆這幾年，遇時節將碗涼漿奠；你去那受刑法屍骸上烈些紙錢，只當把你亡化的孩兒薦。

(卜兒哭科，云) 孩兒放心，這個老身都記得。天哪，兀的不痛殺我也。

(正旦唱) 婆婆也，再也不要啼啼哭哭，煩煩惱惱，怨氣沖天。這都是我做竇娥的沒時沒運，不明不暗，負屈銜冤。

(劊子做喝科，云) 兀那婆子靠後，時辰到了也。(正旦跪科) (劊子開枷科)

(正旦云) 竇娥告監斬大人，有一事肯依竇娥，便死而無怨。

(監斬官云) 你有什麼事？你說。

(正旦云) 要一領淨席，等我竇娥站立，又要丈二白練，掛在旗槍上。若是我竇娥委實冤枉，刀過處頭落，一腔熱血休半點兒沾在地下，都飛在白練上者。

(監斬官云) 這個就依你，打甚麼不緊。

(劊子做取席科，站科，又取白練掛旗上科)

(正旦唱)【耍孩兒】不是我竇娥罰下這等無頭願，委實的冤情不淺。若沒些兒靈聖與世人傳，也不見得湛湛青天。

我不要半星熱血紅塵灑，都只在八尺旗槍素練懸。等他四下里皆瞧見，這就是咱萇弘化碧，望帝啼鵑。

(劊子云) 你還有甚的說話，此時不對監斬大人說，幾時說那?

(正旦再跪科，云) 大人，如今是三伏天道，若竇娥委實冤枉，身死之後，天降三尺瑞雪，遮掩了竇娥屍首。

(監斬官云) 這等三伏天道，你便有沖天的怨氣，也召不得一片雪來，可不胡說!

(正旦唱) 【二煞】你道是暑氣暄，不是那下雪天；豈不聞飛霜六月因鄒衍? 若果有一腔怨氣噴如火，定要感得六出冰花滾似錦，免著我屍骸現；要什麼素車白馬，斷送出古陌荒阡?

(正旦再跪科，云) 大人，我竇娥死的委實冤枉，從今以後，著這楚州亢旱三年。

(監斬官云) 打嘴! 那有這等說話!

(正旦唱) 【一煞】你道是天公不可期，人心不可憐，不知皇天也肯從人願。做甚麼三年不見甘霖降? 也只為東海曾經孝婦冤。如今輪到你山陽縣。這都是官吏每無心正法，使百姓有口難言。

(劊子做磨旗科，云) 怎麼這一會兒天色陰了也?

(內做風科，劊子云) 好冷風也!

(正旦唱) 【煞尾】浮雲為我陰，悲風為我旋，三樁兒誓願明題遍。

(做哭科，云) 婆婆也，直等待雪飛六月，亢旱三年呵，(唱) 那其間才把你個屈死的冤魂這竇娥顯。(劊子做開刀，正旦倒科)

(監斬官驚云) 呀，真個下雪了，有這等異事！

(劊子云) 我也道平日殺人，滿地都是鮮血，這個竇娥的血，都飛在那丈二白練上，並無半點落地，委實奇怪。

(監斬官云) 這死罪必有冤枉，早兩樁兒應驗了，不知亢旱三年的說話，准也不准？且看後來如何。左右，也不必等待雪晴，便與我抬他屍首，還了那蔡婆婆去罷。(眾應科，抬屍下)

## 第四折

(竇天章冠帶引丑張千祗從上，詩云) 獨立空堂思黯然，高峰月出滿林煙，非關有事人難睡，自是驚魂夜不眠。老夫竇天章是也。自離了我那端雲孩兒，可早十六年光景。老夫自到京師，一舉及第，官拜參知政事。只因老夫廉能清正，節操堅剛，謝聖恩可憐，加老夫兩淮提刑肅政廉訪使之職，隨處審囚刷卷，體察濫官污吏，容老夫先斬後奏。老夫一喜一悲，喜呵，老夫身居台省，職掌刑名，勢劍金牌，威權萬里；悲呵，有端雲孩兒，七歲上與了蔡婆婆為兒媳婦，老夫自得官之後，使人往楚州問蔡婆婆家，他鄰里街坊道，自當年蔡婆婆不知搬在那裡去了，至今音信皆無。老夫為端雲孩兒，啼哭的眼目昏花，憂愁得鬚髮斑白。今日來到這淮南地面，不知這楚州為何三年不雨？老夫今在這州廳安歇。張千，說與那州中大小屬官，今日免參，明日早見。

(張千向古門云) 一應大小屬官，今日免參，明日早見。

(竇天章云) 張千，說與那六房吏典，但有合刷照文卷，都將來，待老夫燈下看幾宗波。

(張千送文卷科，竇天章云) 張千，你與我掌上燈，你每都辛苦了，自去歇息罷。我喚你便來，不喚你休來。

(張千點燈，同祗從下。竇天章云) 我將這文卷看幾宗咱。一起犯人竇娥，將毒藥致死公公。我才看頭一宗文卷，就與老夫同姓，這藥死公公的罪名，犯在十惡不赦，俺同姓之人，也有不畏法度的。這是問結了的文書，不看他罷。我將這文卷壓在底下，別看一宗咱。

(做打呵欠科，云) 不覺的一陣昏沉上來，皆因老夫年紀高大，鞍馬勞困之故，待我搭伏定書案，歇息些兒咱。

(做睡科，魂旦上，唱) 【雙調・新水令】我每日哭啼啼守住望鄉台，急煎煎把仇人等待，慢騰騰昏地裡走，足律律旋風中來，則被這霧鎖雲埋，攛掇的鬼魂快。

(魂旦望科，云) 門神戶尉不放我進去。我是廉訪使竇天章女孩兒，因我屈死，父親不知，特來托一夢與他咱。(唱)【沉醉東風】我是那提刑的女孩，須不比現世的妖怪。怎不容我到燈影前，卻攔截在門桯外？

(做叫科，云) 我那爺爺呵，(唱) 枉自有勢劍金牌，把俺這屈死三年的腐骨骸，怎脫離無邊苦海！

(做入見哭科，竇天章亦哭科，云) 端雲孩兒，你在那裡來？ (魂旦虛下)

(竇天章做醒科，云) 好是奇怪也，老夫才闔眼去，夢見端雲孩兒恰便似來我跟前一般，如今在那裡？我且再看這文卷咱。

(魂旦上，做弄燈科) (竇天章云) 奇怪，我正要看文卷，怎生這燈忽明忽滅的！張千也睡著了，我自己剔燈咱。

(做剔燈，魂旦翻文卷科，竇天章云) 我剔的這燈明了也。再看幾宗文卷。一起犯人竇娥藥死公公。

(做疑怪科，云) 這一宗文卷，我為頭看過，壓在文卷底下，怎生又在這上頭？這幾時問結了的，還壓在底下，我別看一宗文卷波。

(魂旦再弄燈科，竇天章云) 怎麼，這燈又是半明半暗的，我再剔這燈咱。

(做剔燈，魂旦再翻文卷科，竇天章云) 我剔的這燈明了，我另拿一宗文卷看咱。一起犯人竇娥藥死公公。呸！好是奇怪！我才將這文書分明壓在底下，剛剔了這燈，怎生又翻在面上？莫不是楚州後廳裡有鬼麼？便無鬼呵，這樁事必有冤枉。將這文卷再壓在底下，待我另看一宗如何？

(魂旦又弄燈科，竇天章云) 怎生這燈又不明了？敢有鬼弄這燈？我再剔一剔去。

(做剔燈科，魂旦上，做撞見科，竇天章舉劍擊桌科，云) 呸！我說有鬼！兀那鬼魂，老夫是朝廷欽差帶牌走馬肅政廉訪使，你向前來，一劍揮之兩段。張千，虧你也睡的著，快起來，有鬼有鬼。兀的不嚇殺老夫也。

(魂旦唱) 【喬牌兒】則見他疑心兒胡亂猜，聽了我這哭聲兒轉驚駭。哎，你個竇天章恁的威風大，且受你孩兒竇娥這一拜。

(竇天章云) 兀那鬼魂，你道竇天章是你父親，受你孩兒竇娥拜，你敢錯認了也！我的女兒叫做端雲，七歲上與了蔡婆婆為兒媳婦。你是竇娥，名字差了，怎生是我女孩兒？

(魂旦云) 父親，你將我與了蔡婆婆家，改名做竇娥了也。

(竇天章云) 你便是端雲孩兒，我不問你別的，這藥死公公，是你不是？

(魂旦云) 是你孩兒來。

(竇天章云) 噤聲，你這小妮子，老夫為你啼哭的眼也花了，憂愁的頭也白了，你剗地犯了十惡大罪，受了典刑。我今日官居台省，職掌刑名，來此兩淮審囚刷卷，體察濫官污吏，你是我親生之女，老夫將你治不的，怎治他人？我當初將你嫁與他家呵，要你三從四德：三從者，在家從父，出嫁從夫，夫死從子。四德者，事公姑，敬夫主，和妯娌，睦街坊。今三從四德全無，剗地犯了十惡大罪。我竇家三輩無犯法之男，五世無再婚之女，到今日被你辱沒祖宗世德，又連累我的清名。你快與其我細吐真情，不要虛言支對，若說的有半釐差錯，牒發你城隍祠內，著你永世不得人身，罰在陰山，永為餓鬼。

(魂旦云) 父親停嗔息怒，暫罷狼虎之威，聽你孩兒慢慢的說一遍咱。我三歲上亡了母親，七歲上離了父親，你將我送與蔡婆婆做兒媳婦。至十七歲與夫配合，才得兩年，不幸兒夫亡化，和俺婆婆守寡。這山陽縣南門外有個賽盧醫，他少俺婆婆二十兩銀子。俺婆婆去取討，被他賺到郊外，要將婆婆勒死，不想撞見張驢兒父子兩個，救了俺婆婆性命。那張驢兒知道我家有個守寡的媳婦，便道：「你婆兒媳婦既無丈夫，不若招我父子兩個。」俺婆婆初也不肯，那張驢兒道：「你若不肯，我依舊勒死你。」俺婆婆懼怕，不得已含糊許了。只得將他父子兩個領到家中，養他過世。有張驢兒數次調戲你女孩兒，我堅執不從。那一日俺婆婆身子不快，想羊肚兒湯吃，你孩兒安排了湯。適值張驢兒父子兩個問病，道：「將湯來我嘗一嘗。」說：「湯便好，只少些鹽醋。」賺的我去取鹽醋，他就暗地裡下了毒藥，實指望藥殺俺婆婆，要強逼我成親。不想俺婆婆偶然發嘔，不要湯吃，卻讓與老張吃，隨即七竅流血藥死了。張驢兒便道：「竇娥藥死了俺老子，你要官休要私休？」我便道：「怎生是官休？怎生是私休？」他道：「要官休，告到官司，你與俺老子償命。若私休，你便與我做老婆。」你孩兒便道：「好馬不備雙鞍，烈女不更二夫，我至死不與你做媳婦，我請願和你見官去。」他將你孩兒拖到官中，受盡三推六問，吊拷繃扒，便打死孩兒也不肯認。怎當州官見你孩兒不認，便要拷打俺婆婆；我怕婆婆年老，受刑不起，只得屈認了。因此押赴法場．將我典刑。你孩兒對天發下三樁誓願：第一樁要丈二白練掛在旗槍上，若系冤枉，刀過頭落，一腔熱血休滴在地下，都飛在白練上；第二樁，現今三伏天道，下三尺瑞雪，遮掩你孩兒屍首；第三樁，著他楚州大旱三年。果然血飛上白練，六月下雪，三年不雨，都是為你孩兒來。

(詩云) 不告官司只告天，心中怨氣口難言，防他老母遭刑憲，情願無辭認罪愆。三尺瓊花骸骨掩，一腔熱血練旗懸，豈獨霜飛鄒衍屈，今朝方表竇娥冤。

(唱) 【雁兒落】你看這文卷曾道來不道來，則我這冤枉要忍耐如何耐？我不肯順他人，倒著我赴法場；我不肯辱祖上，倒把我殘生壞。

【得勝令】呀，今日個搭伏定攝魂台，一靈兒怨哀哀。父親也，你現掌著刑名事，親蒙聖主差。端詳這文冊，那廝亂綱常當合敗。便萬剮了喬才，還道報冤仇不暢快。

(竇天章做泣科，云) 哎，我屈死的兒夜，則被你痛殺我也！我且問你：這楚州三年不雨，可真個是為你來？

(魂旦云) 是為你孩兒來。

(竇天章云) 有這等事！到來朝我與你做主。(詩云) 白頭親苦痛哀哉，屈殺了你個青春女孩，只恐怕天明了你且回去，到來日我將文卷改正明白。(魂旦暫下)

(竇天章云) 呀，天色明了也。張千，我昨日看幾宗文卷，中間有一鬼魂來訴冤枉。我喚你好幾次，你再也不應，直恁的好睡那。

(張千云) 我小人兩個鼻子孔一夜不曾閉，並不聽見女鬼訴什麼冤狀，也不曾聽見相公呼喚。

(竇天章做叱科，云) （口退），今早升廳坐衙，張千，喝攛廂者。

(張千做吆喝科，云) 在衙人馬平安，抬書案。

(稟云) 州官見。

(外扮州官入參科) (張千云) 該房吏典見。

(丑扮吏入參見科) (竇天章云) 你這楚州一郡，三年不雨，是為着何來?

(州官云) 這個是天道亢旱，楚州百姓之災，小官等不知其罪。

(竇天章做怒科，云) 你等不知罪麼！那山陽縣有用毒藥謀死公公犯婦竇娥，他問斬之時，曾發願道：「若是果有冤枉，著你楚州三年不雨，寸草不生。」可有這件事?

(州官云) 這罪是前升任桃州守問成的，現有文卷。

(竇天章云) 這等糊突的官，也著他升去！你是繼他任的，三年之中，可曾祭這冤婦麼?

(州官云) 此犯系十惡大罪，元不曾有祠，所以不曾祭得。

(竇天章云) 昔日漢朝有一孝婦守寡，其姑自縊身死，其姑女告孝婦殺姑。東海太守將孝婦斬了。只為一婦含冤，致令三年不雨。後於公治獄，彷彿見孝婦抱卷哭於廳前，於公將文卷改正，親祭孝婦之墓，天乃大雨。今日你楚州大旱，豈不正與此事相類？張千，分付該房僉牌下山陽縣，著拘張驢兒、賽盧醫、蔡婆婆一起人犯，火速解審，毋得違悞片刻者。

(張千云) 理會的。(下)

(丑扮解子押張驢兒、蔡婆婆，同張千上，稟云) 山陽縣解到審犯聽點。

(竇天章云) 張驢兒。

(張驢兒云) 有。

(竇天章云) 蔡婆婆。

(蔡婆婆云) 有。

(竇天章云) 怎麼賽盧醫是緊要人犯不到？

(解子云) 賽盧醫三年前在逃，一面著廣捕批緝拿去了，待獲日解審。

(竇天章云) 張驢兒，那蔡婆婆是你的後母麼？

(張驢兒云) 母親好冒認的？委實是。

(竇天章云) 這藥死你父親的毒藥，卷上不見有合藥的人，是那個的毒藥？

(張驢兒云) 是竇娥自合就的毒藥。

(竇天章云) 這毒藥必有一個賣藥的醫鋪，想竇娥是個少年寡婦，那裡討這藥來？張驢兒，敢是你合的毒藥麼？

(張驢兒云) 若是小人合的毒藥，不藥別人，倒藥死自家老子？

(竇天章云) 我那屈死的兒嚛，這一節是緊要公案，你不自來折辯，怎得一個明白，你如今冤魂卻在那裡？

(魂旦上，云) 張驢兒，這藥不是你合的，是那個合的？

(張驢兒做怕科，云) 有鬼有鬼，撮鹽入水，太上老君，急急如律令，敕。

(魂旦云) 張驢兒，你當日下毒藥在羊肚兒湯裡，本意藥死俺婆婆，要逼勒我做渾家，不想俺婆婆不吃，讓與你父親吃，被藥死了，你今日還敢賴哩！(唱)【川撥棹】猛見了你這吃敲材，我只問你這毒藥從何處來？你本意待暗裡栽排，要逼勒我和諧，倒把你親爺毒害，怎教咱替你耽罪責？

(魂旦做打張驢兒科) (張驢兒做避科，云) 太上老君，急急如律令，敕。大人說這毒藥必有個賣藥的醫鋪，若尋得這賣藥的人來，和小人折對，死也無詞。

(丑扮解子解賽盧醫上，云) 山陽縣續解到犯人一名賽盧醫。

(張千喝云) 當面。

(竇天章云) 你三年前要勒死蔡婆婆，賴他銀子，這事怎麼說？

(賽盧醫叩頭科，云) 小的要賴蔡婆婆銀子的情是有的，當被兩個漢子救了，那婆婆並不曾死。

(竇天章云) 這兩個漢子你認的他叫做什麼名姓？

(賽盧醫云) 小的認便認的，慌忙之際，可不曾問他名姓。

(竇天章云) 現有一個在階下，你去認來。

(賽盧醫做下認科，云) 這個是蔡婆婆。

(指張驢兒云) 想必這毒藥事發了。

(上云) 是這一個，容小的訴稟：當日要勒死蔡婆婆時，正遇見他爺兒兩個，救了那婆婆去。過得幾日，他到小的鋪中討服毒藥，小的是唸佛吃齋人，不敢做昧心的事，說道：「鋪中只有官料藥，並無什麼毒藥。」他就睜著眼道：「你昨日在郊外要勒死蔡婆婆，我拖你見官去。」小的一生最怕的是見官，只得將一服毒藥與了他去。小的見他生相是個惡的，一定拿這藥去藥死了人，久後敗露，必然連累，小的一向逃在涿州地方，賣些老鼠藥。剛剛是老鼠被藥殺了好幾個，藥死人的藥，其實再也不曾合。

(魂旦唱) 【七弟兄】你只為賴財，放乖，要當災。

(帶云) 這毒藥呵，(唱) 原來是你賽盧醫出賣張驢兒買，沒來由填做我犯由牌，到今日官去衙門在。

(竇天章云) 帶那蔡婆婆上來。我看你也六十外人了，家中又是有錢鈔的，如何又嫁了老張，做出這等事來？

(蔡婆婆云) 老婦人因為他爺兒兩個救了我的性命，收留他在家養膳過世；那張驢兒常說要將他老子接腳進來，老婦人並不曾許他。

(竇天章云) 這等說，你那媳婦就不該認做藥死公公了。

(魂旦云) 當日問官要打俺婆婆，我怕他年老受刑不起，因此（口咎）認做藥死公公，委實是屈招個！ (唱) 【梅花酒】你道是咱不該，這招狀供寫的明白。本一點孝順的心懷，倒做了惹禍的胚胎。我只道官吏每還復勘，怎將咱屈斬首在長街！第一要素旗槍鮮血灑，第二要三尺雪將死屍埋，第三要三年旱示天災，咱誓願委實大。

【收江南】呀，這的是衙門從古向南開，就中無個不冤哉。痛殺我嬌姿弱體閉泉台，早三年以外，則落的悠悠流恨似長淮。

(竇天章云) 端雲兒也，你這冤枉我已盡知，你且回去。待我將這一起人犯，並原問官吏，另行定罪，改日做個水陸道場，超度你生天便了。(魂旦拜科，唱) 【鴛鴦煞尾】從今後把金牌勢劍從頭擺，將濫官污吏都殺壞，與天子分憂，萬民除害。

(云) 我可忘了一件，爹爹，俺婆婆年紀高大，無人侍養，你可收恤家中，替你孩兒盡養生送死之禮，我便九泉之下，可也瞑目。

(竇天章云) 好孝順的兒也。

(魂旦唱) 囑付你爹爹，收養我奶奶，可憐他無婦無兒誰管

顧年衰邁。再將那文卷舒開，

(帶云) 爹爹，也把我竇娥名下，(唱) 屈死的於伏罪名兒改。(下)

(竇天章云) 喚那蔡婆婆上來。你可認得我麼？

(蔡婆婆云) 老婦人眼花了，不認的。

(竇天章云) 我便是竇天章。適才的鬼魂，便是我屈死的女孩兒端雲。你這一行人，聽我下斷：張驢兒毒殺親爺，奸佔寡婦，合擬凌遲，押赴市曹中，釘上木驢，剮一百二十刀處死。升任州守桃杌，並該房吏典，刑名違錯，各杖一百，永不敘用。賽盧醫不合賴錢勒死平民，又不合修合毒藥，致傷人命，發煙瘴地面，永遠充軍。蔡婆婆我家收養，竇娥罪改正明白。(詞云) 莫道我念亡女與他滅罪消愆，也只可憐見楚州郡大旱三年。昔於公曾表白東海孝婦，果然是感召得靈雨如泉。豈可便推諉道天災代有，竟不想人之意感應通天。今日個將文卷重行改正，方顯的王家法不使民冤。

題目：秉鑑持衡廉訪法 正名：感天動地竇娥冤

# 鄧夫人苦痛哭存孝

## 第一折

（沖末淨李存信同康君立上）（李存信云）米罕整斤吞，抹鄰不會騎。弩門並速門，弓箭怎的射？撒因答刺孫，見了搶著吃。喝的莎塔八，跌倒就是睡。若說我姓名，家將不能記。一對忽刺孩，都是狗養的。自家李存信的便是。這個是康君立。俺兩個不會開弓蹬弩，亦不會廝殺相持；哥哥會唱，我便能舞。俺父親是李克用，阿媽喜歡俺兩個，無俺兩個呵，酒也不吃，肉也不吃。若見俺兩個呵，便吃酒肉。好生的愛俺兩個！自破黃巢之後，太平無事，阿媽複奪的城池地面，著俺五百義兒家將，各處鎮守。阿媽的言語：將邢州與俺兩個鎮守。那裏是朱溫家後門，他與俺父親兩個不和；他知俺在邢州鎮守，他和俺相持廝殺。俺兩個武藝不會，則會吃酒肉。倘或著他拿將去了，殺壞了俺兩個怎了？（康君立云）如今阿媽將潞州天黨郡與存孝鎮守，潞州地面吃好酒好肉去。如今我和你兩個，安排酒席，則說辭別阿媽，灌的阿媽醉了，咱兩個便說："邢州是朱溫家後門，他與阿媽不和，倘若索戰，俺兩個死不打緊，著人知道呵，不壞了阿媽的名聲！著李存孝鎮守邢州去，可不好麼？"（李存信云）俺兩個則今日安排酒席，辭別父親去走一遭來。我是李存信，他是康君立；兩個真油嘴，實然是一對。（同下）（李克用同劉夫人領番卒子上）（李克用云）番、番、番，地惡人奔，騎寶馬，生雕鞍。飛鷹走犬，野水荒山。渴飲羊酥酒，饑餐鹿脯幹。鳳翎箭手中施展，寶雕弓臂上斜彎。林間酒闌胡旋舞呵，著丹青寫入畫圖間。某乃李克用是也。某襲封豳州節度使，因帶酒打了段文楚，貶某在沙陀地面，已經十年。因黃巢作亂，奉聖人的命，加某為忻、代、石、嵐都招討使，破黃巢天下兵馬大元帥。自離了沙陀，不數日之間，到此壓關樓前，聚齊二十四處節度使，取勝長安。被吾兒存孝擒拿了鄧天王，活挾了孟截海，撾打了張歸霸；十八騎誤入長安，大破黃巢，複奪了長安。聖人的命：犒勞某手下義兒家將，但是複奪的城池，著某手下義兒家將去各處鎮守，防備盜賊。今日太平無事，四海晏然，正好與夫人眾將飲酒快樂。小校安排下酒肴，可怎生不見周德威來？（周德威上，云）帥鼓銅鑼一兩敲，轅門裏外列英豪。三軍報罷平安喏，緊卷旗幡不動搖。某姓周，名德威，字鎮遠，山后朔州人也。今從李克用共破黃巢，太平無事，某為番漢都總管。今日元帥有請，不知有甚事，須索走一遭去。可早來到也。報復去，道有周德威來了也。（卒子云）理會的。報的元帥得知：有周德威在於門首。（李克用云）道有請。（卒子云）理會的。有請！（做見科）（周德 威云）元帥，周德威來了也。（李克用云）將軍，今日請你來不為別的，想存孝孩兒多有功勞，我許與了他潞州上黨郡與存孝孩兒鎮守，把邢州與李存信、康君立鎮守去。怎生不見李存信、康君立來？（李存信同康君立上）（李存信云）阿媽心內想，忽然到跟前。哥哥你放心，我這一過去，見了阿媽說了呵，便著存孝往邢州去。（康君立云）兄弟，只要你小心用意者。（李存信云）阿媽、阿者，想當初一日，阿媽的言語，將潞州上黨郡與俺兩個鎮守來；今日阿媽與了存孝，可著俺兩個邢州去！（做悲科）（李克用云）孩兒存信，你做甚麼哭？（李存信云）阿媽，俺兩個也早起晚夕，舞者唱者，扶持阿媽歡喜，怎下的著您兩個孩兒往邢州去？（康君立云）阿媽，想邢州是朱溫的後門，他與阿媽不和。倘若索戰，俺兩個不會甚麼武藝。倘若拿將俺兩個去了，俺兩個死不打緊，阿媽吃起酒來，尋俺兩個舞的唱的不在眼面前，阿媽不想成病！那其間生藥鋪裏贖也贖不將俺兩個來！（李存信云）阿媽，怎生可憐見著俺兩個去潞州去，把邢州與存孝兩口兒鎮守罷，可也好？（李存信把盞科，云）哥哥，將酒來與阿媽把一盞。（李克用云）好兩個孝順的孩兒！我著你潞州上黨郡去呵便了也。（康君立云）既是這等，謝了阿媽者！（周德威云）他兩個有甚麼功勞，把他潞州上黨郡去！想飛虎將軍南征北討，東蕩西除，困來馬上眠，渴飲刀頭血，他可以潞州去；他兩個去不的！（李克用云）周將軍說的是。小校，與我喚將存孝兩口兒過來者！（卒子云）理會的。（正旦同李存孝云）（李存孝云）岩前打虎雄心在，勇敢當先敵兵敗。上陣全憑鐵飛撾，扶立乾坤唐世界。某本姓安，名敬思，雁門關飛虎峪靈丘縣人氏。幼小父母雙亡，多虧鄧大戶家中撫養成人，長大我就與他家牧羊。有阿媽李克用見某有打虎之力，招安我做義兒家將，封我做十三太保飛虎將軍李存孝，就著我與鄧大戶家為婿。自從跟著阿媽，十八騎誤入長安，大破黃巢，天下太平無事。聖人的命：將俺義兒家將複奪的城池，著俺各處鎮守。阿媽的言語：著俺兩口兒去潞州上黨郡鎮守。今有阿媽呼喚，不知有甚事，須索走一遭道去。可早來到此也。夫人，我和你休過去；你看阿媽、阿者：大吹大擂，敲牛宰馬，烹炮美味，五百番部落胡兒胡女扶持著，是好受用也。（正旦云）存孝，今日父親飲宴，喚俺兩口兒，俺見阿媽、阿者去。聽了這樂韻悠揚，常好是受用也呵！（唱）

【仙呂】【點絳唇】則聽的樂動聲齊，他是那大唐苗裔，排親戚。今日俺父母相隨，可正是龍虎風云會。

【混江龍】則俺這沙陀雄勢，便有那珠圍翠繞不稀奇。置造下珍羞百味，又不比水酒三杯。每日則是炮鳳烹龍真受用，那一日不宰羊殺馬做筵席！把那些個義兒家將都成立，一個個請官受賞，他每都蔭子封妻。

（正旦云）存孝，我和你未過去，先望阿媽咱，可早醉了也。（李存孝云）咱不過去，見阿者、阿媽身上瀽的那酒呵，你見兩邊廂扶持著呵，十分的醉了也。（正旦唱）

【油葫蘆】我見他執盞擎壺忙跪膝，他那裏撒滯殢。阿媽那錦袍上全不顧酒淋漓，可正是他不擇不揀幹幹的吃，他那裏剛扶剛策醺醺的醉。一壁廂動樂器是大體，將一面鼉皮畫鼓冬冬擂，悠悠的慢品鷓鴣笛。

【天下樂】你覷！兀那大小的兒郎列的整齊，端的是虛也波實，享富貴。我則見旁邊廂坐著周德威，一壁廂擺著品肴，番官每緊緊隨；我則見軍排在兩下裏。

（正旦云）咱過去見阿媽去來。（李存孝云）咱過去來。（做見科）（李存孝云）阿媽，您孩兒存孝兩口兒來了也。（李克用云）存孝孩兒來了。別的孩兒每各處鎮守去了；今日吉日良辰，你兩口兒便往邢州鎮守去；康君立、李存信，你兩個孩兒往潞州上黨郡鎮守去。（李存孝云）阿媽，當日未破黃巢時，阿媽的言語："若你破了黃巢，天下太平，與你潞州上黨郡鎮守。"阿媽失其前言！今日阿媽著你孩兒鎮守邢州，那邢州是朱溫家後門，終日與他相持，可怎了也！（正旦云）存孝，我阿者行再告一告去。阿者，與存孝再說一聲咱！（劉夫人云）孩兒，你去邢州鎮守，阿媽醉了也，你且去咱。（李存孝云）阿者，當日與俺潞州上黨郡，如今信著康君立、李存信，著俺去邢州去。阿者，怎生阿媽行再說一聲，可也好也？（劉夫人云）你阿媽醉了也。（李存孝云）康君立、李存信，你有甚麼功勞，倒去潞州上黨郡鎮守去？（李存信云）阿媽的言語，著你邢州去；都是一般好地面，誰和你論甚麼功勞！（李存孝云）想當日在壓關樓前，覷三層排柵，七層圍子，千員猛將，八卦陣圖，那其間如踏平地也。（正旦云）咱阿媽好失信也！（唱）

【節節高】今日可便太平無事，全不想那用人的這之際。存孝與你安邦定國，他也曾惡征戰圖名圖利。他覷的三層鹿角，七層圍子，如登平地；端的是八卦陣圖，千員驍將，施謀用計。阿者，他保護著唐朝社稷！

（李存孝云）康君立、李存信，你兩個有甚麼功勞，倒去潞州鎮守去也？（正裏唱）

【元和令】端的是人不曾去鐵衣，馬不曾

摘鞍轡；則是著阿者今日向父親行提：想著他從前出力氣。可怎生的無功勞，倒與他一座好城池？阿者，則俺這李存孝圖個甚的！

（劉夫人云）孩兒也，你阿媽醉了也，等他酒醒時再說。（正旦云）想康君主、李存信他有甚麼功勞也！（唱）

【遊四門】你則會飲酒食，著別人苦戰敵。可不道生受了有誰知？阿媽，你則是抬舉著李存信、康君立；他橫槍縱馬怎相持？你把他虧，人面逐高低。（李存孝云）康君立、李存信，想當日十八騎誤入長安，殺敗葛從周，攻破黃巢，天下太平，是我的功勞；你有甚麼功勞也？（李存信云）俺兩個雖無功勞，俺兩個可會唱會舞也哩。（正旦唱）

【勝葫蘆】他幾時得鞭敲金鐙笑微微，人唱著凱歌回？遙望見軍中磨繡旗，則你那滴羞蹀躞身體，迷留沒亂心肺，唬的你劈留撲碌走如飛。

（李存孝云）你兩個有甚麼功勞？與你一匹劣馬不會騎，

與你一張硬弓不會射。則會吃酒肉，便是你的功勞也！（正旦唱）

【後庭花】與你一匹劣馬不會騎，與你一張硬弓不會射。他比別人陣面上爭功勞，你則會帳房裏閑坐的。咱可便委其實，你便休得要瞞天瞞地。你餓時節撾肉吃，渴時節喝酪水，閒時節打髀殖，醉時節歪唱起，醉時節歪唱起。

【柳葉兒】你放下一十八般兵器，你輪不動那鞭、鐧、撾、槌，您怎肯袒下臂膊刀廝劈？鬧吵吵三軍內，但聽的馬頻嘶，早唬的悠悠蕩蕩魄散魂飛。（正旦云）存孝，則今日好日辰，收拾馱馬輜重，辭別了阿媽、阿者，便索長行。（李存孝云）今日好日辰，辭別了阿媽、阿者，便索長行也。（正旦唱）

【尾聲】罷、罷、罷，你可便難倚弟兄心，我今日不可公婆意。（劉夫人云）孩兒，你且休要性急，待你阿媽酒醒呵，再做商議。（正旦云）去則便了也。（唱）別近謗俺夫妻每甚的，只不過發盡兒掏窩不姓李，則今日暗昧神祇。（帶云）慚愧也！（唱）勢得一個遠相離，各霸著城池；不恁的呵，這李存信、康君立斷送了你。這一個個瞞心昧己，一個個獻勤賣力，存孝，這兩個巧舌頭奸狡賴功賊！（下）

（劉夫人云）康君立、李存信，你阿媽醉了也，我且扶著回後堂中去也。（下）（周德威云）想著存孝破了黃巢，複奪取大唐天下，他的好地面與了這兩個，可將邢州與了存孝。元帥今日醉了也，待明日酒醒，我自有話說。還著存孝兩口兒潞州上黨郡去，方稱我之願也！元帥殢酒負存孝，明石須論是與非。（下）（李存信云）康君立，如何？我說咱必然得潞州，今日果應其心。若是到潞州的豐富地面，不強似去邢州與朱溫家每日交戰？（康君立云）兄弟，想存孝這一去，必然有些見怪。等俺到的潞州，別尋取存孝一樁事，調唆阿媽殺壞了存孝，方稱我平生之願。則今日收拾行裝，先往邢州，詐傳著阿媽言語：著義兒家將各自認姓。他若認了本姓，咱搬唆阿媽殺了存孝，方稱我平生之願也。阿媽好吃酒，醉了似燒蒜。害殺安敬思，稱俺平生願。（同下）

## 第二折

（李存孝領番卒子上，云）鐵鎧輝光緊束身，虎皮妝就錦袍新。臨軍決勝聲名大，永鎮邢州保萬民。某乃十三太保李存孝是也。官封為前部先鋒、破黃巢都總管、金吾上將軍。自到邢州為理，操練軍卒有法，撫安百姓無私；殺王彥章，不敢正眼視之；鎮朱全忠，不敢侵擾其境。今日無甚事，在此州衙閑坐，看有甚麼人來。（李存信同康君立上）（李存信云）自離上黨郡，不覺到邢州。自家李存信，這個是康君立。可早來到也。這個衙門就是邢州。小校報復去，道有李存信、康君立在於門首。（卒子云）理會的。（做報科，云）報的將軍得知：有李存信、康君立來了也。（李存孝云）兩個哥哥來了，必有阿媽的將令。道有請。（卒子云）理會的。有請！

（做見科）（康君立云）李存孝，阿媽將令：為你多有功勞，怕失迷了你本姓，著你出姓，還叫做安敬思。你惹不依著阿媽言語，要殺壞了你哩！你快著的改姓，我就要回阿媽的話去也。（李存孝云）怎生著我改了名姓？阿媽將令，不敢有違。小校，安排酒肴，二位哥哥吃了筵席去。（康君立云）不必吃筵席，俺回阿媽話去也。詐傳著阿媽將令，著存孝更名改姓。調唆的父親生嗔，耍了頭也是乾淨。（同下）（李存孝云）阿媽，你孩兒多虧了阿媽抬舉成人，封妻蔭子；今日怎生著我改了姓？阿媽，我也曾苦征惡戰，眠霜臥雪，多有功勳；今日不用著我了也！逐朝每日醉醺醺，信著讒言壞好人。我本是安邦定國李存孝，今日個太平不用舊將軍。（下）

（李克用同劉夫人上）（李克用云）喜遇太平無事日，正好開筵列綺羅。某乃李克用是也。奉聖人的命，著俺義兒家將各處鎮守。四海安寧，八方無事，正好飲酒作樂。看有甚麼人來。（李存信同康君立上，云）阿媽，禍事也！（李克用云）你為甚麼大驚小怪的也？（康君立云）有李存孝到邢州，他怨恨父親不與他潞州，他改了姓--安敬思。他領著飛虎軍要殺阿媽哩！怎生是好？（李存信云）殺了阿媽不打緊，我兩個怎生是好？我那阿媽也！（李克用云）頗奈存孝無禮，你改了姓便罷，怎生領飛虎軍來殺我？更待幹休！罷，則今日就點番兵，擒拿牧羊子走一遭去。（劉夫人云）住者！元帥，你怎麼不尋思？李存孝孩兒他不是這等人。元帥，你且放心，我自往邢州去，若是存孝不曾改了姓呵，我自有個主意；

他若改了姓呵，發兵擒拿，未為晚矣。也不用刀斧手揚威耀武，鴉腳槍齊擺軍校。用機謀說轉心回，兩隻手交付與一個存孝。（下）（李克用云）康君立、李存信，你阿者去了也；倘若存孝變了心腸，某親拿這牧羊子走一遭去。說與俺能爭 好鬥的番官，捨生忘死的家將：一個個頂盔擐甲，一個個押箭彎弓，齊臻臻擺列劍戟，密匝匝擲立槍刀；三千鴉兵為先鋒--逢山開道，遇水疊橋。左哨三千番兵能征慣戰，右哨三千番兵猛烈雄驍，合後三千番兵推糧運草；更有俺五百義兒家將，都要的奮勇當先，相持對壘。坐下馬似北海的毒蛟，鞍上將如南山的猛虎。某驅兵領將到邢州，親捉忘恩牧羊子。家將英雄武藝全，番官猛烈敢當先。拿住存孝親殺壞，血濺東南半壁天！（同下）（李存孝同正旦、卒子上）（李存孝云）歡喜未盡，煩惱到來。夫人不知，如今阿媽的言語，著康君立、李存信傳說，但是五百義兒家將，著更改姓，休教我姓李，我不免改了安敬思。我想來阿媽信著這兩個的言語呵，怎了也？（正旦云）將軍，你休要信這兩個的賊說！則怕你中他的計策，你也要尋思咱。（李存孝云）他兩個親來傳說，教我改姓，非是我敢要改姓也。（正旦云）既然父親教你改姓，則要你治國以忠，教民以義。（唱）

【南呂】【一枝花】常言道"官清民自安，法正天心順"，他那裏"家貧顯孝子"，俺可便各自立功勳。無正事尊親，著俺把各自姓排頭兒問，則俺這叫爹娘的無氣忿。今日個嫌俺辱沒你家門，當初你將俺真心廝認。

（李存孝云）夫人，想當日破黃巢時，招安我做義兒家將；那其間不用我，可不好來！（正旦唱）

【梁州】又不曾相趁著狂朋怪友，又不曾關節做九眷十親。俺破黃巢血戰到三千陣，經了些十生九死，萬苦千辛。俺出身入仕，蔭子封妻，大人家踏地知根，前後軍捺褲摩裩。俺、俺、俺，投至得畫堂中列鼎重裀，是、是、是，投至向衙院裏束杖理民，呀、呀、呀，俺可經了些個殺場上惡哏哏捉將擒人。暢好是不依本分！俺這裏忠言不信，他則把讒言信；俺割股的倒做了生分，殺爹娘的無徒說他孝順：不辨清渾！

（李存孝云）夫人，我在此悶坐。小校覷者，看有甚麼人來。（孛老兒同小末尼上）（孛老兒云）老漢李大戶。當日個我無兒，認義了這個小的做兒來；如今治下田產物業、莊宅農具，我如今有了親兒了也，我不要你做兒，你出去！（小末尼云）父親，當日你無兒，我與你做兒來；你如今有了田產物業、莊宅農具，你就不要我了！明有清官在，我和你去告來。可早來到衙門首也。冤屈也！（李存孝云）是甚麼人在這門前大驚小怪的？小校，與我拿將過來者！（卒子做拿過科，云）理會的。已拿當面。（孛老兒同小末尼跪科）（李存孝云）兀的小人，你告甚麼？（小末尼云）大人可憐見！當日我父親無兒，要小人與他做兒；他如今有了田產物業、莊宅農具，他如今有了親兒，不要我做兒子了，就要趕我出去，小人特來告。大人可憐見，與我做主也！（李存孝云）這小的和我則一般：當日用著他時便做兒，今日有了兒就不

要他做兒。小校，將那老子與我打著者！（正旦云）你且休打，住者！（唱）

【牧羊關】聽說罷心懷著悶，他可便無事哏，更打著這入衙來不問諱的喬民。則他這爺共兒常是相爭，更和這子父每常時廝論。（李存孝云）小校，與我打著者！（正旦唱）詞未盡將他來罵，口未落便拳敦，暢好背晦也蕭丞相。（正旦云）赤瓦不剌海！（唱）你暢好是莽撞也祇候人。

（李存孝云）小校，與我打將出去！（卒子云）理會的。出去！（李老兒云）我幹著他打了我一頓，別處告訴去來。（同下）（劉夫人上，云）老身沙陀李克用之妻劉夫人是也。因為李存孝改了姓名，不數日到這邢州；問人來，果然改了姓，是安敬思。這裏是李存孝宅中。左右報復去，道有阿者來了也。（卒子云）理會的。報的將軍得知：有阿者來了也。（正旦云）你接阿者去，我換衣服去也。（做換服科）（劉夫人做見科）（李存孝云）早知阿者來到，只合遠接；接待不著，勿令見罪！（做拜科）（劉夫人怒科，云）李存孝，阿媽怎生虧負你來？你就改了姓名，你好生無禮也！（李存孝云）阿者且息怒。小校，安排酒果來者！（卒子云）理會的。（李存孝遞酒科，云）阿者滿飲一杯！（劉夫人云）孩兒，我不用酒。（正旦云）我且不過去，我這裏望咱。阿者有些煩惱，可是為何也？（唱）

【紅芍藥】見阿者一頭下馬入宅門，慢慢的行過階痕；

見存孝擎壺把盞兩三巡，他可也並不曾沾唇。我則見他迎頭裏嗔忿忿，全不肯息怒停嗔。我這裏旁邊側立索殷勤，怎敢道怠慢因循！

【菩薩梁州】我這裏便施禮數罷平身，抄著手兒前進。您這歹孩兒動問，阿者，你便遠路風塵！（劉夫人云）休怪波，安敬思夫人！（正旦唱）聽言罷著我去了三魂，可知道阿者便懷愁忿。這公事何須的問，何消的再寫本！"到岸方知水隔村"，細說原因。（劉夫人云）孩兒，俺兩口兒怎生虧負著你來？你改了名姓！若不是康君立、李存信說呵，你阿媽不得知。如今你阿媽便要領大小番兵來擒拿你。我實不信，親自到來，你果然改了姓名！俺怎生虧負你來也？（正旦云）存孝，你不說待怎麼？（李存孝云）阿者，是康君立、李存信的言語，著俺五百義兒家將都改了姓，著您孩兒姓安。想您孩兒多虧著阿媽、阿者抬舉的成人，封妻蔭子，偌大的官職，怎敢忘了阿者、阿媽的恩義！（做哭科，云）不由人嚎咷痛哭，提起來刀攪肺腑。抬舉的立身揚名，阿者，怎忘你養身父母！（劉夫人云）我道孩兒無這等勾當，你阿媽好生的怪著的你！（正旦唱）

【罵玉郎】當初你腰間掛了先鋒印，俺可也須當索受辛勤。他將那英雄慷慨施逞盡，他則是開繡旗，聚戰馬，沖軍陣。

【感皇恩】阿者，他與你建立功勳，扶立乾坤；他與你破了黃巢，敵了歸霸，敗了朱溫。那其間便招賢納士，今日個俺可便偃武修文。到如今無了征戰，絕了士馬，罷了邊塵。

【採茶歌】你怎生便將人不瞅問？怎生來太平不用俺舊將軍？半紙功名百戰身，轉頭高塚臥麒麟。（劉夫人云）媳婦兒，你在家中；我和孩兒兩個見你阿媽，白那兩個醜生的謊去來！（正旦云）阿者休著存孝去；到那裏有康君立、李存信，枉送了存孝的性命也！（劉夫人云）孩兒，你放心！這句話到頭來要個歸著，要個下落處。孩兒，你在家中，我領存孝去，則有個主意也。（李存孝云）我這一去別辯個虛實，鄧夫人放心也！（正旦唱）

【尾聲】到那裏著俺這劉夫人撲散了心頭悶；不恁的呵！著俺這李父親怎消磨了腹內嗔！別辯個假共真，全憑著這福神，並除了那禍根。你把那康君立、李存信，用著你那打大蟲的拳頭著一頓！想著那廝坑人來陷人，直打的那廝心肯意肯，可與你那爭潞州冤仇證了本。（下）

（劉夫人云）孩兒收拾行裝，你跟著我見你父親去來。萬丈水深須見底，止有人心難忖量。（同下）（李克用同李存信、康君立上）（李克用云）李存信、康君立，自從你阿者去之後，不知虛實，將酒來我吃。則怕存孝無有此事麼？（李存信云）阿媽，他改了姓也，我怎敢說謊？（康君立云）我兩個若是說謊了呵，大風裏敢吹了我帽兒！（李克用云）此是實。將酒來，與我吃幾杯。（康君立云）正好飲幾杯。（劉夫人同李存孝上）（劉夫人云）孩兒來到也。小校報復去，道有阿者來了也。（李克用云）阿者來了，請過來飲幾杯。（卒子云）理會的。有請！（李存孝云）阿者先過去，替你孩兒說一聲咱。（劉夫人云）孩兒，你放心，我知道。（劉夫人見科，云）李克用，你又醉了也！不是我去呵，險些兒送了孩兒也！（李存信報科，云）阿者，亞子哥哥打圍去，圍場中落馬也！（劉夫人慌科，云）似這般如之奈何？我索看我孩兒去。（存孝扯科，云）阿者，替您孩兒說一說！（劉夫人云）亞子孩兒打圍去，在圍場中落馬，我去看了孩兒便來也。（李存孝云）阿者去了，阿媽帶酒也，信著這兩個的言語，送了您孩兒的性命也！（劉夫人云）存孝無分曉：親兒落馬撞殺了，親娘如何不疼？可不道"腸裹出來腸裹熱"？我也顧不得的，我看孩兒去也。（打推科，下）（李存孝哭科，云）阿者，亞子落馬痛關情，子母牽腸割肚疼。忽然二事在心上，義兒親子假和真。亞子終是親骨肉，我是四海與他人。"腸裹出來腸裹熱"，阿者，親的原來則是親！（李存信把盞科，云)阿媽滿飲一杯。（李克用醉科，云）我醉了也。（康君立云）阿媽，有存孝在於門首，他背義忘恩。（李克用云）我五裂蔑迭！（下）（李存信云）哥哥，阿媽道：五裂蔑迭，醉了也，怎生是了？阿媽明日酒醒呵，則說道："你著我五裂了來。"（康君立云）兄弟說的是。若不殺了存孝，明日阿媽酒醒，阿者說了，咱兩個也是個死。小校與我拿將存孝來者！（李存孝云）康君立、李存信，將俺那裏去？（李存信云）阿媽的言語：

為你背義忘恩，五車裂了你哩！（李存孝云）阿媽，你好哏也！我有甚麼罪過？將我五裂了！我死不爭，鄧夫人在家中豈知我死也？兩個兄弟來，安休休、薛阿灘，將我虎皮袍、虎磕腦、鐵燕撾與鄧夫人，就是見我一般也。（李存孝哭科，云）鄧夫人也，今朝我命一身亡，眼見的去赴云陽。嬌妻暗想身無主，夫婦恩情也斷腸！我死後淡煙衰草相為伴，枯木荒墳作故鄉。夫妻再要重相見，夫人也，除是南柯夢一場！（李存信云）兀那廝，你聽者：用機謀仔？

## 第三折

（劉夫人上、云）描鸞刺繡不曾習，劣馬彎弓敢戰敵。圍場隊裏能射虎，臨軍對陣兵機識。老身劉夫人是也。昨日引將存孝孩兒來阿媽行欲待說也，不想亞子在圍場中落馬，我親到圍場中看孩兒，原來不曾落馬，都是李存信、康君立的智量。未知存孝孩兒怎生，使一個小番探聽去了，這早晚敢待來也。（正旦扮莽古歹上，云）自家莽古歹便是。奉阿者的言語，著吾打探存孝去；不想阿媽醉了，信著康君立、李存信的言語，將存孝五裂了。不敢久停久住，回阿者的話走一遭去也。（唱）

【中呂】【粉蝶兒】頗奈這兩個奸邪，看承做當職忠烈，想俺那無正事好酒的爹爹！他兩個似虺蛇，如蝮蠍，心腸乖劣。我呸呸的走似風車，不付能盼到宅舍。

【醉春風】一托氣走將來，兩隻腳不暫歇；從頭-一對阿者，我這裏便說、說。是做的潑水難收，至死也無對，今日個一椿也不借。

（劉夫人云）阿的好小番也！暖帽貂裘最堪宜，小番平步走如飛。吾兒存孝分訴罷，盡在來人是與非。你見了存孝，他阿媽醉了，康君立、李存信說甚麼來？喘息定，慢慢的說一遍。（正旦唱）

【上小樓】則俺那阿媽醉也，心中乖劣；他兩個巧語花言，鼓腦爭頭，損壞英傑。他兩個廝間別，犯口舌，不教分說；他兩個旁邊相倚強作孽。（劉夫人云）小番，他阿媽說甚麼來？存孝說甚麼來？李阿媽醺醺酒殢，李存孝忠心仁義。子父每兩意相投，犯唇舌存信、君立。他阿媽與存孝誰的是，誰的不是，再說一遍咱。（正旦唱）

【上小樓】做兒的會做兒，做爺的會做爺，子父每無一個差遲，生各劄的義斷恩絕！阿媽那裏緊當者，緊攔者，不著疼熱。他道是："你這姓安的怎做李家枝葉！"

（劉夫人云）小番，阿媽那裏有兩逆賊麼？（莽古歹云）是那兩個？（劉夫人云）一個是康君立，雙尾蠍侵入骨髓；一個是李存信，兩頭蛇讒言佞語。他則要損忠良英雄虎將，他全無那安邦計赤心報國。那兩個怎生支吾來？（莽古歹云）阿者，聽你孩兒從頭至尾說與阿者，則是休煩惱也！（唱）

【十二月】則您那康君立哏絕，則您那李存信似蠍螫；可端的憑著他劣缺，端的是今古皆絕。枉了他那眠霜臥雪，阿媽他水性隨邪。

（劉夫人云）俺想存孝孩兒，華嚴川捨命，大破黃巢定邊疆；他是那擎天白玉柱，端的是駕海紫金梁。他兩個無徒，怎生害存孝來？（正旦唱）

【堯民歌】他把一條紫金梁生砍做兩三截，阿者休波，是他便那裏每分說！想著十八騎長安城內逞豪傑，今日個則落的足律律的旋風踅，我可便傷也波嗟。將存孝見時節，阿者，則除是水底下撈明月！（劉夫人云）小番，你要說來又不說，可是為甚麼來？（莽古歹云）李存信、康君立的言語，將存孝五車裂死了也！(劉夫人云)苦死的兒也！（莽古歹云）他臨死時，將存孝棍棒臨身，毀罵了千言萬語，眼見的命掩黃泉。（劉夫人云）存孝兒銜冤負屈，孩兒怎生死了來？（正旦唱）

【耍孩兒】則聽的喝一聲馬下如雷烈，恰便似鶻打寒鳩哏絕。那兩個快走向前來，那存孝待分說怎的分說？一個指著嘴縫連罵到有三十句，一個扶著軟肋裏撲撲撲的撞到五六靴。委實的難割捨，將存孝五車裂壞，霎時間七段八節。

（劉夫人云）想必那廝取存孝有罪招狀，責日詞無冤文書，知賺的推在法場，暗送了七尺身軀。（正旦唱）

【三煞】又不曾取罪名，又不曾點紙節；可是他前推後擁強牽拽。軍兵鐵桶周圍鬧，棍棒麻林前後遮，撲碌碌推到法場也。稱了那兩個賊漢的心願，屈殺了一個英傑！

（劉夫人云）想當日俺那存孝孩兒多有功勞：活挾了孟截海，殺了鄧天王，槍搠殺張歸霸，十八騎入長安，擿

打殺耿彪，火燒了永豐倉，有九牛之力，打虎之威。怎生死了我那孩兒來！（莽古歹云）存孝道：（唱）

【二煞】我也曾把一個鄧天王來旗下斬，我也曾把孟截海馬上挾，我也曾將大蟲打的流鮮血，我也曾雙撾打殺千員將。今日九牛力，擋不的五輛車五下裏把身軀拽。將軍死的苦痛，見了的那一個不傷嗟！（劉夫人云）五輛車，五五二十五頭牛，一齊的拽，存孝怎生者？（正旦唱）

【尾聲】打的那頭口門驚驚跳跳；叫道是"打打倈倈"。則見那忽剌鞭颼颼的摔動一齊拽，將您那打虎的將軍命送了也！（下）

（劉夫人云）李克用，你信著這兩個賊子的言語，將俺存孝孩兒屈死了。李克用，你好哏也！五輛車五下齊拽，鐵石人嚎咷痛哭。將身軀骨肉分開，血染赤黃沙地土。再不能子母團圓，越思量越添悽楚。劉夫人苦痛哀哉，李存孝身歸地府。（做哭科，云）哎喲，存孝孩兒也，則被你痛殺我也！（下）

## 第四折

（李克用、李存信、康君立領番卒子上）（李克用云）塞上羌管韻，北風戰馬嘶。縷金畫面鼓，云月皂雕旗。某乃李克用是也。昨朝與眾番官飲酒，我十分帶酒，說道存孝孩兒來了也。小番，與我喚存孝孩兒來者！（李存信云）如之奈何？（劉夫人上，云）李克用，你做的好勾當！信著兩個醜生，每日飲酒，怎生將存孝孩兒五裂了？我親到的邢州，並不曾改了名姓；都是康君立、李存信這兩個賊醜生的見識，著他改做安敬思。昨日我領著存孝孩兒來見你，你怎生教那兩個賊子五車裂了存孝？媳婦兒將著骨殖，背將鄧家莊去了。孩兒也，兀的不痛殺我也！（李克用云）夫人，你不說我怎生知道！都是這兩個送了我那孩兒也！我說道："五裂蔑迭，我醉了也。"他怎生將孩兒五裂了！把這兩個無徒拿到鄧家莊上殺壞了，剖腹剜心，與俺孩兒報了冤仇也！便安排靈位祭物，便差人趕回媳婦兒來者。（做哭科，云）哎喲！存孝兒也！我聽言說罷淚千行，過如刀攪我心腸。義兒家將都悲戚，只因帶酒損忠良。頗奈存信康君立，五裂存孝一身亡。大小兒郎都掛孝，家將番官痛悲傷。哎！你個有仁有義忠孝子，休怨我無恩無義的老爹娘！（同下）（正旦拿引魂幡哭上，云）閃殺我也，存孝也！痛殺我也，存孝也！（唱）

【雙調】【新水令】我將這引魂幡招颭到兩三遭，存孝也，則你這一靈兒休忘了陽關大道。我撲簌簌淚似傾，急穰穰意如燒；我避不得水遠山遙，須有一個日頭走到。

【水仙子】我將這引魂幡執定在手中搖，我將這骨殖匣輕輕的自背著。則你這悠悠的魂魄兒無消耗，（帶云）你這裏不是飛虎峪那，（唱）你可休冥冥杳杳差去了！忍不住、忍不住痛哭嚎咷，一會兒赤留乞良氣，一會兒家迷留沒亂倒。天那，痛煞煞的心癢難撓！

（劉夫人上，云）兀的不是媳婦兒鄧夫人！我試叫他一聲咱：媳婦兒，鄧夫人，你住者！（正旦唱）

【慶東原】踏踏的忙那步，呸呸的不住腳，是誰人吖吖的腦背後高聲叫？（劉夫人云）鄧夫人，是我也。（做見哭科，云）痛殺我也，存孝孩兒也！（正旦唱）阿者，你把我這存孝來送也！（劉夫人云）我說甚麼來？（正旦唱）你可知道"不著落保，到頭來須有個歸著"。（劉夫人云）媳婦兒也，你不曾忘了一句兒也。（正旦唱）這煩惱我心知，待對著阿誰道？（劉夫人云）孩兒，你且放下骨殖匣兒，你阿媽將二賊子拿將來與存孝孩兒報仇雪恨也。（李克用同周德威領番卒子拿李存信、康君立上）（李克用云）媳婦兒也，你亦辭我一辭去，怕做甚麼？將那祭祀的物件來，將虎磕腦、螭虎帶、鐵飛撾供養在存孝靈前，將康君立、李存信繩纏索綁祭祀了，慢慢的殺壞了這兩個賊子。周將軍與我讀祭文咱。（周德威讀祭文科）維大口口九月上旬日，忻、代、石、嵐、雁門關都招討使，破黃巢兵馬大元帥李克用等，致祭於故男飛虎將軍李存孝之靈曰：惟靈生居朔漠，長在飛虎，累遇敵戰，猿臂善射。兩張弓，兩袋箭，左右能射之；手舞鐵撾，斬將不及三合。曾打虎在山峪之中，破賊兵禁城之內、撾打死耿彪，立誅三將，殺壞五虎。擊破一字長蛇陣，殺敗葛從周。渭南三戰，十八騎誤入長安。箭射黃巨天，惡戰傅存審，力伏李罕之，活挾鄧天王，病戰高思繼，生擒孟截海，大敗王彥章。救黎民複入長安城，享太平再臨京兆府。祭奠英靈，親藩悔罪。今克用因殢酒聽信狂言，故損壞義男家將。今將賊子盡該誅戮，與公雪冤。眾將縞素，俺哭的那無情草木改色，青山天地無顏。將軍陽世不將金印掛，陰司卻掌鬼兵權。眾將番官痛嚎咷，壁上飛撾血未消，階下枉拴龍駒馬，帳前空掛虎皮袍。英雄存孝今朝喪，多曾出力建功勞。赤心報國安天下，萬古清風把姓標。嗚呼哀哉，伏惟尚饗！（正旦唱）

【川撥棹】則聽的父親道，將孩兒屈送了。家將每痛哭嚎咷，想著蓋世功勞，萬載名標。都與他持服掛孝，眾兒郎膝跪著。

【七兄弟】你兀的據著，枉了見功勞。沉默默兩柄燕撾落，骨剌剌雜彩繡旗搖，撲冬冬畫鼓征鼙操。

【梅花酒】你戴一頂虎磕腦，馬跨著黃驃，箭插著鋼鑿，弓控著花梢。經了些地寒氈帳冷，殺氣陣云高。我這裏猛覷了，則被你痛殺我也李存孝！

【收江南】呀，可怎生帳前空掛著虎皮袍？枉了你忘生舍死立唐朝！枉了你橫槍縱馬過溪橋！兀的是下梢，枉了你一十八騎破黃巢！

（李克用云）小番，將李存信、康君立拿在靈前，與我殺壞了者！(番卒子做拿二淨科，云)理會的。（李存信云）阿媽，怎生可憐見。饒了我兩個罷！（康君立云）阿媽，若是饒我這一遭，下次再不敢了也！（正旦唱）

【沽美酒】康君立你自道，李存信禍來到。把存孝賺入法場屈送了，摔碎了我渾家大小，任究竟罪難逃。

【太平令】也是你爭弱，拿住你該剮該敲！聚集的人員好鬧，準備車馬繩索，把這廝綁了，五車裂了，可與俺李存孝一還一報！

（李克用云）小番，將，賊子五裂了者！（番卒子做殺李存信、康君立科，云）理會的。（李存信云）我死也。（下）（李克用云）既然將二賊子五裂了，與我存孝孩兒報了冤仇，將孩兒墓頂上封官，鄧夫人與你一座好城池養老。你聽者：李存信妒能害賢，飛虎將負屈銜冤。鄧夫人哀哉苦慟，為夫主遇難遭愆。康君立存信賊子，五車裂死在街前。設一個黃籙大醮，超度俺存孝生天。

# 溫太真玉鏡臺

## 第一折

（老旦扮夫人引梅香上，詩云）花有重開時，人無再少日。生女不生男，門戶憑誰立？老身姓溫，夫主姓劉，早年辭世。別無兒男，止生得一個女兒，小字倩英。年長一十八歲，未曾許聘他人。夫主在日，教孩兒讀書，老身如今待教他寫字扶琴，只是無個好明師。我有個侄兒溫嶠，見任翰林學士，今將老身子母搬取來京舊宅居住，說道要來拜望老身。梅香。門首覷者，只等學士來時，報復我知道。（梅香云）理會的。（正末扮溫嶠上，云）小官姓溫名嶠，字太真，官拜翰林學士。小官別無親眷，止有一個姑娘，年老寡居，近日取來京師居住。連日公衙事冗，不曾拜候。今日稍閑，須索拜候一遭。我想方今賢臣登用，際遇聖主，覷的富貴容易。自古及今，那得志與不得志的，多有不齊。我先將這得志的說一遍則個。（唱）

【仙呂】【點絳唇】車騎成行，詣門稽顙，來咨訪。無非那今古興亡，端的是語出人皆仰。

【混江龍】也只為平生名望，博得個望塵遮拜路途旁。出則高牙大纛，入則峻宇雕牆。萬里雷霆驅號令，一天星斗煥文章。威儀赫奕，徒禦軒昂。喜時節鵷鸞並箎，

怒時節虎豹潛藏。生前不懼獬豸冠，死來圖畫麒麟像；何止是析圭儋爵，都只待拜將封王。（云）卻說那不得志的，也有一等。（唱）

【油葫蘆】還有那苦志書生才學廣，一年年守選場，早熬的蕭蕭白髮滿頭霜；幾時得出為破虜三軍將，入為治國頭廳相？只願的聖主興，世運昌；把黃金結作漫天網，收俊傑，攬賢良。

【天下樂】當日個誰家得鳳凰？翺也波翔，在那天子堂，爭知他朝為田舍郎？傅說呵在版築處生，伊尹呵從稼穡中長，他兩個也不是出胞胎便顯揚。（云）雖然如此，那得志不得志的，都也由命不由人，非可勉強。（唱）

【那吒令】他每都恃著口強，便儀秦呵怎敢比量？都恃著力強，便賁育呵怎敢賭當？元來都恃著命強。便孔孟呵也沒做主張。這一個是王者師，這一個是蒼生望，到底捱不徹雪案螢窗。

【鵲踏枝】只落的意彷徨，走四方；昨日燕陳，明日齊梁。若不是聚生徒來聽講，怎留得這詩書萬古傳芳？

（云）我今日也非敢擅自誇獎，端的不在古人之下。（唱）

【寄生草】我正行功名運，我正在富貴鄉。俺家聲先世無誹謗，俺書香今世無虛誑，俺功名奕世無謙讓，遮莫是帽檐相接禦樓前，靴蹤不離金階上。

【么篇】不枉了開著金屋，空著畫堂。酒醒夢覺無情況，好天良夜成虛曠，臨風對月空惆悵。怎能夠可情人消受錦幄鳳凰衾，把愁懷都打撇在玉枕鴛鴦帳！

（云）一頭說話，早來到姑娘門首。梅香，報復去，說溫嶠特來問候。（梅香報科，云）報的奶奶得知，有溫嶠在於門首。（夫人云）老身恰才說罷，學士真個來了。道有請！（梅香云）請進。（正末做見科）（夫人云）學士，王事勤勞，取個坐兒來，教學士穩便；一面將酒來，與學士遞一杯。（梅香云）酒在此。（夫人云）學士，滿飲一杯！（正末接飲科）（夫人云）梅香，繡房中叫小姐來拜見學士咱。（梅香云）小姐，有請。（旦扮倩英上，云）妾身倩英，正在房中習針指；梅香說母親在前廳呼喚，不知有甚事，須索走一遭去。（做見科，云）母親，叫孩兒有甚事？（夫人云）孩兒，喚你來無別事，只為溫家哥哥在此，你須拜見。（旦云）理會的。（夫人云）且住者，休拜！梅香，前廳上將老相公坐的栲栳圈銀交椅來，請學士坐著，小姐拜見。（正末云）老相公的交椅，侄兒如何敢坐？（夫人云）學士休謙，"恭敬不如從命"。（正末云）謹依尊命。（夫人云）小姐，把體面拜哥哥者。（旦做拜科）（正末做欠身科）（夫人云）妹妹拜哥哥，豈有欠身之理？（正末云）禮無不答，焉可坐受？（夫人云）好一個有道理的人也。（正末背云）是好一個女子也呵！（唱）

【六麼序】兀的不消人魂魄，綽人眼光？說神仙那的是天堂？則見脂粉馨香，環佩丁當，藕絲嫩新織仙裳，但風流都在他身上，添分毫便不停當。見他的不動情，你便都休強，則除是鐵石兒郎，也索惱斷柔腸！

【么篇】我這裏端祥他那模樣：花比腮龐，花不成妝；玉比肌肪，玉不生光。宋玉襄王，想像高唐，止不過魂夢悠揚，朝朝暮暮陽臺上，害的他病在膏肓；若還來此相親傍，怕不就形消骨化，命喪身亡！（夫人云）梅香，將酒來。小姐與哥哥把盞。（旦奉酒科，云）哥哥，滿飲一杯。（做遞酒科）（正末唱）

【醉扶歸】雖是副輕台盞無斤兩，則他這手纖細怎擎將？久立著神仙也不當。你待把我做真個的哥哥講．我欲說話別無甚伎倆，把一盞酒瀽一半在階基上。

（夫人云）老身欲教小姐寫字彈琴，爭奈無個明師；學士肯看老身薄面，教你妹子彈琴寫字？（正末云）姑娘在上，據你侄兒所學，怎生教的小姐？（夫人云）學士體謙。梅香，取曆日來，教學士選個好日子，教小姐彈琴寫字。（正未云）溫嶠今日出來時，有別勾當．也曾選日子，來日是個好日辰。（唱）

【金盞兒】來日不空亡，沒相妨。天生壬申癸酉全家旺，不比那長星赤口要提防。大綱來陰陽偏有准，擇日要端詳；豈不聞成開皆大吉，閉破莫商量。（夫人云）既如此，就是明日，要勞動學士者。（正末云）謹依尊命！明日溫嶠自來。但溫嶠無學，怎生教的小姐？（夫人云）學士休得推辭，只看你下世姑夫的面皮，教訓女孩兒則個。（正末唱）

【醉中天】白日短，無時晌，兼夜教，正更長，便誤了翰林院編修有甚忙？我待做師為學長，拚的個十分應當，再無推讓，早收拾幽靜書房。

（夫人云）梅香，伏待小姐辭別了哥哥，回繡房去。（旦云）理會的。（拜科，下）（夫人云）多謝學士，幸不違阻，是必明日早見（正末云）敢不惟命！（唱）

【賺煞尾】恰才立一朵海棠嬌，捧一盞梨花釀，把我雙送入愁鄉醉鄉。我這裏下得階基無個頓放，畫堂中別是風光。恰才則掛垂楊一抹斜陽，改變了黯黯陰云蔽上蒼。眼見得人倚綠窗，又則怕燈昏羅帳，天那，休添上畫簷間疏雨滴愁腸。（下）

（夫人云）學士去了也。梅香，便收拾萬卷堂，來日是吉日良辰。請學士來教你小姐彈琴寫字。收拾的停當時，可來回我話。（詩云）只因愛女要多才，收拾書堂待教來。（梅香詩云）從來男女不親授，也不是我把引賊過門胡亂猜。（同下）

## 第二折

（老夫人上，云）昨日選定今日是吉日良辰。梅香，門首覷者，則怕學士來時，報我知道。（梅香云）理會的。（正末上，云）姑娘選定今日好日辰，不曾衙門裏去。肯分的姑娘又來請；便不來請，我也索去。可早來到門首。梅香，報復去，道溫嶠來了也。（梅香報科，云）溫學士來了。（夫人云）道有請。（梅香云）請進。（正末做見科）（夫人云）今日學士怎生來的恁早？

（正末云）為領尊命，教小姐琴書，就不曾到衙門去。（夫人云）因為老身薄面，誤了學士公事，老身知感不盡。梅香，快請小姐出來拜學士者。（梅香云）小姐，有請。（旦上，云）妾身正在繡房中，聽的母親呼喚，須索見去。（做見科）（夫人云）倩英，你拜哥哥！今日為始，便是你師父了也。（旦做拜科）（正末背云）小姐比昨日打扮的又別，真神仙中人也！（唱）

【南呂】【一枝花】藕絲翡翠裙，玉膩蝤蠐頸；妲己空破國，西子枉傾城。天上飛瓊，散下風流病。若是寢正濃，夢乍醒，且休問斜月殘燈，直睡到東窗口影。

（云）將琴過來，教小姐操一曲咱。（旦學操琴科）（正末唱）

【梁州第七】兀的不可喜煞羅幃繡幕，風流煞金屋銀屏！這七條弦興亡禍福都相應，端的個聖賢可對，神鬼堪驚；俗懷頓爽，塵慮皆清。一弄兒指法冷冷，早合著古操新聲。金徽彈流水潺湲，冰弦打餘音齊整，玉纖點逸韻輕盈。聰明，怎生得口訣手未到心先應！海棠色、惠蘭性，想天地全將秀結成，一團兒智巧心靈。

（夫人云）再操一遍，則怕還有不是處，教學士聽，有不是處再教。（正末唱）

【牧羊關】縱然道肌如雪、腕似冰，雖是一段玉，卻是幾樣磨成：指頭是三節兒瓊瑤，指甲似十顆水晶。穩坐的有那穩坐堪人敬，但舉動有那舉動可人憎。他兀自未揎起金衫袖，我又早先聽的玉釧鳴。（夫人云）小姐，彈琴不打緊；須裝香來，請哥哥在相公抱角床上坐，著小姐拜哥哥。"一日為師，終身為父。"學士教小姐寫字者。（旦寫字科）（正末云）腕平著，筆直著。小姐，不是這等。（正末起把筆撚旦手科）（旦云）是何道理，妹子跟前撚手撚腕！（正末云）小生豈有他意？（夫人云）小鬼頭，但得哥哥撚手撚腕，你早十分有福也。（旦云）"男女七歲，不可同席。"（夫人笑科，云）哥哥根前掉書袋兒。（正未唱）

【隔尾】你便溫柔起手裏須當硬，我呆想望迎頭兒撇會清，恰才輕揞著春蔥盡僥倖。（帶云）似這等酥蜜般搶白，（唱）遮莫你罵我盡情，我斷不敢回你半聲，也強如編修院裏和書生每廝強挺。（云）小姐，不是了也。腕平著，筆直著。（旦怒云）哥哥，你又來也。（正末唱）

【四塊玉】兀的紫霜毫燒甚香，斑竹管有何幸，倒能勾柔荑般指尖擎。只你那纖纖的手腕兒須索平正。我不曾將你玉筍蕩，他又早星眼睜，好罵我這潑頑皮沒氣性。

（夫人云）小姐，辭了哥哥，回繡房云。（旦拜科，下）（正末云）溫嶠更衣去咱。（做行科，云）見小姐下的階基，往這裏去了。我只見小姐中注模樣，不曾見小姐腳兒大小。沙土上印下小姐腳蹤兒。早是我來的早，若來的遲呵，一陣風吹了這腳跡兒去，怎能勾見小姐生的十全也呵！（唱）

【牧羊關】婦人每鞋襪裏多藏著病，灰土兒沒面情，除底外四周圍並無餘剩。幾般兒窄窄狹狹，幾般兒周圍正正。幾時迤逗的獨強性，勾引的把人憎。幾時得使性氣由他呲，惡心煩自在蹬。

（帶云）小姐去了也。幾時得見，著小官撇不下呵！（唱）

【賀新郎】你便是醉中茶，一啜𤏲然醒。都為他皓齒明眸，不由我使心作幸。待尋條妙計無蹤影，老姑娘手把著頭梢自領。索甚麼囑咐叮嚀，似取水垂轆轤，用酒打猩猩。到這裏惜甚廉恥，敢傾人命！休、休、休，做一頭海來深不本分，使一場天來大昧前程。

【隔尾】他藉妝梳顏色花難並，宜環佩腰肢柳笑輕，一對不倒踏窄小金蓮尚古自剩。想天公是怎生？這世情，教他獨佔人間第一等。

（正末回科）（夫人云）學士穩便。老身有句話：想小姐年長一十八歲，不曾許聘他人，翰林院有一般學士，煩哥哥保一門親事。（正末背云）小官暗想來，只得如此；若不恁的呵，不濟事。（做向夫人云）姑娘，翰林院有個學士，才學文章，不在侄兒之下。（夫人云）似你這般才學少有。那學士多大年紀，怎生模樣？哥哥，你說一遍。（正末唱）

【紅芍藥】年紀和溫嶠不多爭，和溫嶠一樣身形；據文學比溫嶠更聰明，溫嶠怎及他豪英？保親的堪信憑，搭配的兩下裏相應。不提防對面說才能，遠不出門庭。

【菩薩梁州】古人親事，把閨門禮正。但得人心至誠，也不須禮物豐盈。點燈吃飯兩分明：緱山無夢碧瑤笙，玉台有主菱花鏡。更有場大廝並，月夜高燒絳蠟燈，只愁那煩擾非輕！

（云）溫嶠與那學士說成，擇定日子同來。（夫人云）多勞學士用心。（正末做出門笑科，云）溫嶠，你早則"人生三事"皆全了也。（虛下，將砌末上科）（做見夫人科，云）告的姑娘得知，适才侄兒徑去與那學士說了。今日是吉日良辰，將這玉鏡臺權為定物；別使官媒人來通信，央您侄兒替那學士謝了親者。（唱）

【煞尾】俺待麝蘭腮、粉香臂、鴛鴦頸，由你水銀漬、朱砂斑、翡翠青。到春來小重樓策杖登，曲闌邊把臂行，閑尋芳、悶選勝。到夏來追涼院、近水庭，碧紗廚、綠窗淨，針穿珠、扇撲螢。到秋來入蘭堂、開畫屏，看銀河、牛女星，伴添香、拜月亭。到冬來風加嚴、雪乍晴，摘疏梅、浸古瓶，歡尋常、樂餘剩。那時節、趁心性，由他嬌癡、盡他怒憎，善也偏宜、惡也相稱。朝至暮不轉我這眼睛，孜孜覷定，端的寒忘熱、饑忘飽、凍忘冷。（下）

（官媒上，詩云）"析薪如何，匪斧弗克。娶妻如何，匪媒弗得。"自家是個官媒。溫學士著我去老夫人家說知：選吉日良辰，娶小姐過門。可早來到也。無人報復，我自過去。（做見科，云）老夫人磕頭！（夫人云）媒婆何來？（官媒云）奉學士言語，著我見老夫人，選日辰娶小姐過門。（夫人云）是那個學士？（官媒云）是溫學士。（夫人云）他是保親的。（官媒云）他不是保親的，則他是女婿。（夫人云）何為定物？（官媒云）玉鏡臺便是定禮。（夫人云）有這等事？我把這玉鏡臺摔碎了罷！（官媒云）住、住！這玉鏡臺不打緊，是聖人御賜之物；不爭你摔碎了，做的個大不敬，為罪非小。（夫人云）嗨，吃他瞞過了我也！梅香，便說與小姐知道，收拾停當，選定吉日，送小姐過門去罷。（下）

## 第三折

（正末引贊禮、鼓樂上）（贊禮唱和，詩云）一枝花插滿庭芳，燭影搖紅晝錦堂。滴滴金杯雙勸酒，聲聲慢唱賀新郎。請新人出廳行禮！（梅香同官媒擁旦上）（正末唱）

【中呂】【粉蝶兒】怕不動的鼓樂聲齊，若是女孩兒不諧魚水，我自拖拽這一場出醜揚疾。安排下佯小心，裝大膽，丹方一味：他若是皺著雙眉，我則索牙床前告他一會。

（云）媒婆，你遮我一遮，我試看咱。（官媒云）我遮著，你看。（正末做看科）（旦云）這老子好是無禮也！（正末唱）

【紅繡鞋】則見他無發付氳氳惡氣，急節裏不能勾步步相隨。我那"五言詩作上天梯"，首榜上標了名姓，當殿下脫了白衣，今夜管洞房中抓了面皮。（云）媒人，待咱

大了膽過去來。（唱）

【迎仙客】到這裏論甚使數，問甚官媒？緊逐定一團兒休廝離。和他守何親，等甚喜？一發的走到跟底。大家吃一會沒滋味。

（旦云）兀那老子，若近前來，我抓了你那臉！教他外邊去！媒婆，你來。我和你說：這老子當初來時節，俺母親教小姐拜哥哥，他曾受我的禮來。（官媒云）學士，小姐說：起初時，他曾拜你做哥哥，你受過他禮來。（正末云）我那裏受他禮來？你與小姐說去。（官媒云）小姐，學士說：那裏受你禮來？（旦云）在俺先父銀栲栳圈交椅上坐著，受我的禮來。（官媒云）小姐說：學士在他老相公栲栳圈銀交椅上受他禮來。（正末唱）

【醉高歌】我見他姿姿媚媚容儀，我幾曾穩穩安安坐地？向旁邊踢開一把銀交椅，我則是靠著個栲栳圈站立。

（旦云）媒婆，你來。他又受我的禮來。（官媒云）學士，小姐說：你又受他的禮來。（正末云）我那裏又受他禮來？（官媒云）小姐，學士說：他那裏又受你的禮來？（旦云）這老子！俺母親著我彈琴寫字，他坐在俺先父抱角床上，我拜他為師來！（官媒云）學士，小姐說：學彈琴寫字，拜你為師，你在老相公抱角床上受他禮來。（正末唱）

【醉春風】我坐著窄窄半邊床，受了他怯怯兩拜禮；我這裏磕頭禮拜卻回席，剗地須還了你、你。便得些歡娛，便談些好話，卻有那般福氣。（旦云）媒婆，你說與他去，我在正堂中做臥房，教他再休想到我跟前；若是他來時節，我抓了他那老臉皮，看他好做得人！（官媒云）學士，小姐說來，他在正堂中做臥房，教你休想到他跟前；若是你來時節，他抓了你老臉皮，教你做人不得。（正末唱）

【紅繡鞋】正堂裏夫人寢睡，小官在書房中依舊孤忄西。遮莫待盡世兒不能勾到他這羅幃，人都道劉家女被溫嶠娶為妻，落得個虛名兒則是美！（云）將酒來，我與小姐把盞咱。（正末把酒科）（旦云）我不吃。（官媒云）小姐接酒。（正末唱）

【普天樂】初相見玉堂中，常想在天宮內，則索向空閒偷覷，怎生敢整頓觀窺？得如今服侍他，情願待為奴婢。廚房中水陸烹炮珍羞味，箱櫃內無限錦繡珠翠。但能勾與你插戴些首飾，執料些飲食，則這的我早福共天齊。

（旦做瀽酒科，云）我不吃。（正末唱）

【滿庭芳】量這些值個甚的！忒斟得金杯瀲灩，因此上把宮錦淋漓，大人家展汙了何須計。只要你溫夫人略肯心回，便瀽到一兩甕香醪在地，澆到百十個公服朝衣！今夜裏我早知他來意，酒淹得袖濕，幾時花壓帽檐低？

（官媒云）這小姐則管不就親，做的個違宣抗敕哩！（正末云）媒婆，休說這般話！（唱）

【上小樓】休提著違宣抗敕，越逗的他煩天惱地。你則說遲了燕爾，過了新婚，誤了時刻；你說領著省事，掌著軍權，居著高位；又道會親處倚官挾勢。（云）我則索哀告你個媒婆，做個方便者。（做跪科）（官媒云）學士，你為何在老身跟前下禮？（正末唱）

【么篇】我"求灶頭不如告灶尾"。為甚我今日媒人跟前做小伏低？教他款慢裏勸諫的俺夫妻和會，兀的是羅幃中用人之際。

（官媒云）天色明瞭也。學士，你先往衙門中去，我自夫人跟前回話去也。（正末云）夫人，你的心事我已知道了。你聽我說。（唱）

【耍孩兒】你少年心想念著風流配，我老則老爭多的幾歲？不知我心中常印著個不相宜，索將你百縱千隨。你便不歡欣，我則滿面兒相陪笑；你便要打罵，我也渾身兒都是喜。我把你看承的、看承的家宅土地，本命神祇。

【四煞】論長安富貴家，怕青春子弟稀，有多少千金嬌豔為妻室？這廝每黃昏鸞鳳成雙宿，清曉鴛鴦各自飛，那裏有半點兒真實意？把你似糞堆般看待，泥土般拋擲。

【三煞】你攢著眉熬夜闌，側著耳聽馬嘶，悶心欲睡何曾睡。燈昏錦帳郎何在？香燼金爐人未歸，漸漸的成憔悴還不到一年半載，他可早兩婦三妻。

【二煞】今日咱守定伊，休道近前使喚丫鬟輩，便有瑤池仙子無心覷，月殿嫦娥懶去窺。俺可也別無意，你道因甚的千般懼怕？也只為差了這一分年紀。

【煞尾】我都得知、都得知，你休執迷、休執迷；你若

別尋的個年少輕狂婿，恐不似我這般十分敬重你。（同下）

## 第四折

（外扮王府尹引祗從上，詩云）龍樓鳳閣九重城，新築沙提宰相行。我貴我榮君莫羨，十年前是一書生。老夫王府尹是也。今有溫學士親事一節，老夫奏過官裏，特設一宴，叫做水墨宴，又叫做鴛鴦會，專請學士同夫人赴席。筵宴中間，則教他兩口兒和會。等學士、夫人到時，自有主意。這早晚敢待來也。（正末同旦上，云）今日府尹相公設宴請客，不知何意，須索走一遭去也呵！（唱）

【雙調】【新水令】則為鳳鸞失配累了蒼鶻，今日個玳筵開，專要把鴛鴦完聚。我前面騎的是五花驄，他背後坐的是七香車；人都道這村裏妻夫，直恁般似水如魚，兩口兒不肯離了一步。

【駐馬聽】想當日沽酒當壚，拼了個三不歸青春卓氏女；今日膝行肘步，招了個百般嫌皓首漢相如。偏不肯好頭好面到成都，忄敞的我沒牙沒口題橋柱。誰跟前敢告訴，兀的是自招自攬風流苦！

（云）可早來到也。左右，報復去，道溫學士和夫人來了也。（祗從報科，云）溫學士和夫人到于門首。（府尹云）道有請。（見科，府尹云）小官奉聖人的命，設此水墨宴，請學士、夫人吟詩作賦。有詩的，學士金鐘飲酒，夫人插金鳳釵，搽官定粉；無詩的，學士瓦盆裏飲水，夫人頭戴草花，墨烏面皮。（旦云）學士，你聽者，大人說：你若有詩便吃酒，無詩便吃冷水。你用心著！（正末唱）

【喬牌兒】自從不應舉，何嘗對兩字句？昨日會賓朋，飲到遙天暮，今日酒渴的我沒是處。

【掛玉鉤】恨不的巴到咽喉咽下去。井墜著朱砂玉，與咱更壓瘴氣，涼心經，解髒毒。大人呵他自有通仙術。至如腫了面皮，瘡生眉目，也索蘸筆揮毫，咒水書符。

（府尹云）若無詩呵，學士罰水，夫人頭戴草花，墨烏面皮。（正末唱）

【川撥棹】這官人待須臾，休恁般相逼促。你道是傅粉塗朱，妖豔妝梳。貌賽過神仙洛浦，怎好把墨來烏？

（旦云）學士，著意吟詩；無詩的吃水，墨烏面皮，甚麼模樣！（正末云）休叫學士，你叫我丈夫。（旦云）無計所奈，則索喚丈夫。丈夫，須要著意者！（正末唱）

【豆葉黃】你在黑閣落裏欺你男兒，今日呵可不道指斥鑾輿，也有禁住你限時，降了你乖處。兩個月方才喚了我個丈夫，雖不曾徹膽歡娛，蕩著皮膚，剛聽的這一聲嬌似鶯雛，早著我渾身麻木。（旦云）丈夫，你知道麼？倘或罰水，烏墨搽面，教我怎了？（正末唱）

【喬牌兒】如今便面上筆落處，也則是浮抹不生住。咱

自有新合來澡豆香芬馥，到家銀盆中洗面去。（旦云）丈夫，著意吟詩！（正末唱）

【掛玉鉤】我從小裏文章不大古，年老也還有甚詞賦？則道我沉醉黃公舊酒壚，怎知我也有妝么處。見他害恐懼，我倒身無措。且等他急個多時，慢慢的再做支吾。

（府尹云）學士，請吟詩者。（正末云）小官就吟。（旦云）丈夫，你要著意者！（正末云）夫人放心。（唱）

【水仙子】須聞得溫嶠不塵俗，明知道詩書飽滿腹，那裏是白頭把你青春誤？就嫌的我無地縫鑽入去。少甚麼年少兒夫？這一個眼灌的自鄧鄧，那一個臉抹的黑突突，空恁般綠鬢何如？

（旦云）學士吟詩波，休似吃涼水的。（正末云）夫人，我吟的詩好呵，你肯隨順我麼？（旦云）你若吟得詩好，我插金釵、飲禦酒，我便依隨你。（正末云）夫人，你請放心者。（唱）

【甜水令】我如今舉起霜毫，舒開繭紙，題成詩句，待費我甚工夫！冷眼偷看這盆涼水，何須憂慮，只當做醒酒之物。

【折桂令】想著我氣卷江湖，學貫珠璣，又不是年近桑榆，怎把金馬玉堂、錦心繡口，都覷的似有如無？則被你欺負得我千足萬足，因此上我也還他佯醉佯愚。（旦云）丈夫，著意吟詩！倘罰水，墨烏面皮，教我怎了？

（正末唱）他如今做了三謁茅廬，勉強承伏。軟兀刺走向前來，惡支煞倒褪回去。（正末吟詩科，云）不分君恩重，能憐玉鏡臺。花從仙禁出，酒自禦廚來。設席勞京尹，題詩屬上才。遂令魚共水，由此得和諧。（府尹云）溫學士，不枉了高才大手，吟得好詩！賜金鐘飲酒，夫人插鳳頭釵，搽官定粉。（旦喜科，云）學士，這多虧了你也！（正末云）夫人，我溫嶠何如？（府尹云）夫人，你肯依隨學士麼？（旦云）妾身願隨學士。（府尹云）既然夫人一心依隨學士，老夫即當奏過官裏，再準備一個慶喜的筵席。（正末唱）

【雁兒落】你暢好是吃贏不吃輸，虧的我能說又能做。你只要應承了這一首詩，倒被我勒揹的情和睦。

【得勝令】呀，兀的不是一字一金珠，煞強似當日嚇蠻書。你著寶釵簪云鬢，我著金杯飲醁醑。山呼，共謝得當今主。嬌姝，早則不嫌我老丈夫。（府尹云）人間喜事，無過夫婦會合。就今日殺羊造酒，安排慶喜筵席，送學士、夫人還宅去。（詩云）金尊銀燭啟華筵，一派笙歌徹九天。若非恩賜鴛鴦會，焉能夫婦兩團圓？（正末拜謝科）（唱）

【鴛鴦煞】從今後姻緣註定姻緣簿，相思還徹相思苦。剩道連理歡濃，於飛願足。可憐你窈窕巫娥，不負了多情宋玉。則這琴曲詩篇吟和處，風流句，須不是我故意虧圖，成就了那朝云和暮雨。

題目王府尹水墨宴

正名溫太真玉鏡臺

Also Available from JiaHu Books

詩經 - 9781784350444

易經 – 9781909669383

春秋左氏傳 - 9781909669390

尚書 – 9781909669635

莊子 – 9781784350277

孟子 – 9781784350284

禮記- 9781784350437

Truyện Kiều – 9781784350185

www.ingramcontent.com/pod-product-compliance
Lightning Source LLC
Chambersburg PA
CBHW031418040426
42444CB00005B/621
*9781784350543*